신혼 3년의 힘

5천만 원으로 10억 만드는

최윤호 · 김수미 지음

신혼 3년의 힘

ℕ 더난출판

휴일이 되면 아내는 어김없이 바람 쐬러 나가자고 성화다. 마지 못해 오늘도 잠시 공원에 나가보지만 피곤함이 몰려와 잠시라도 더 쉬고 싶은 생각에 다시 집으로 돌아오고 만다. 몸을 움직이기 싫어하는 나쁜 버릇 탓이다. 올해는 매일 조깅으로 하루를 시작하 자고 다짐했던 연초의 계획이 생각난다. 한 달도 채 실천하지 못 했지만 건강을 생각해 오래 지속하고 싶던 계획이었다. 그런데 어 느 날 뜻하지 않게 주말을 온전히 방구석에 반납하고 난 뒤부터 그 계획은 중단되고 말았다. 계속해서 운동을 했더라면 지금은 아 마 가뿐한 몸 상태를 유지하고 있지 않을까 후회막심이다.

좋은 습관은 지속하기 힘들고 나쁜 습관은 버리기 어렵다고 하 는데 딱 맞는 말이다. 돈 모으기가 바로 그런 습관이 아닐까? 돈 모으기는 좋은 습관임에도 지속하기가 어렵고 낭비라는 나쁜 습관에 젖어버리면 다시 시작하기가 쉽지 않다. 하지만 이런 좋은 습관이 제대로 잡히면 절대 변하지 않는 힘이 있다. 부자 되는 힘이다. 그래서 돈 모으기라는 좋은 습관은 인생 최고의 선물이 될 수 있다.

어떤 이들은 삶을 살아가면서 필요한 것이 있다면 첫 번째도 돈이고 두 번째도 돈이라고 한다. 시쳇말로 '기승전전(起承轉錢)'이라고도 하니 모든 것이 돈과 연관되어 있다. 관점의 차이가 있겠지만 부자가 되고 싶은 마음에서는 당연히 돈이 우선이다.

그런데 돈을 모으기 위해서는 언제부터 어떻게 모으고 관리해야 하는지에 대한 구체적인 정보를 찾아내기가 쉽지 않다. 특히 이제 막 사회생활을 시작하고 가정을 꾸리는 신혼부부라면 관심을 갖고 그 정보를 찾을 수 있는 경험이나 정보가 한정적이다. 이 책은 그런 신혼부부나 예비부부에게 돈 모으기에 대한 좋은 정보와 자신의 삶에 적합한 돈 관리의 방향성을 알려준다. 아무쪼록 더 나은 삶과 먼 훗날 자신의 노후를 편안하게 보낼 수 있는 알찬 준비를 하길 바란다.

윤기석 흥국생명 전무

차 례

1장

시간의 힘을 이용하는
처음이자 마지막 기회

2장

신혼 3년 돈 관리와
목돈 만들기

3장

돈의 힘을 키우는 포트폴리오를 짜라

4장

종잣돈 5,000만 원이 연금 10억으로 돌아온다

신혼의 시간, 단꿈과 함께 돈꿈도 꿔보자!

뜨거운 난로 위에 손을 올리면 단 1초도 한 시간처럼 느껴지고, 사랑하는 사람과 함께 있는 1시간은 1분처럼 느껴진다고 한다. '신혼'에 딱 맞는 말이다. 신혼여행, 신혼부부, 신혼집…… 얼마나 설레는 말들인가. 이렇게 사랑하는 사람과 하나 되어 인생의 새 출발선에서 10년 뒤, 20년 뒤 행복한 가정을 상상하며 미래의 계획을 세운다. 누군가가 세운 그 계획이 평생 꿈으로 남겨질 수도 있고 또 현실이 될 수도 있다.

그런데 그 계획 중 혹시 노후에 대한 대책도 있는가? 있다면 과연 그 계획이 실현될 가능성은 얼마나 될까? 신혼에 노후준비라니……, 너무나 멀게 느껴지기도 하고, 또한 준비해야 할 것들의 규모도 가늠이 되지 않는다. 그래서 노후준비는 그 중요도를 이해하기가 쉽지 않고 항상 뒷전으로 밀린다. 마음 한구석에 지워지지 않는 찜찜함을 남겨 둔 채…….

베이비부머 은퇴와 함께 예측했던 상황이 현실화되고 있다. 아니, 그 이상으로 가혹하다. 반드시 다가올 미래였고 많은 전문가가 노후준비를 외쳤지만, 은퇴를 앞둔 개개인은 이토록 자신들의 삶을 심하게 뒤흔들 것이라고는 예측하지 못한 것 같다. 경제성장 과정을 경험한 지금의 은퇴자들은 벌고 쓰는 데 큰 문제가 없었기에 20~30년 뒤 자신들이 은퇴할 때도 당연히 그럴 것이라고 생각했을 것이다.

하지만 세상은 변했고, 우리는 새로운 환경에 적응해야 하는 상황에 직면해 있다. 지금까지 어느 누구도 우리에게 신혼 때부터 노후를 준비하라고 말해준 사람은 없었다. 노후 계획도 그리 중요하지 않았다. 당연히 준비될 것이라 생각했기 때문이다. 그러나 새로운 인생을 시작하는 우리는 분명히 부모 세대와는 다른 준비와 계획이 필요하다.

인생을 살아가는 동안 몇 번의 기회가 찾아온다고 한다. 그 기회를 잡느냐 못 잡느냐 하는 문제는, 준비가 되어 있는지 아닌지에 따라 달라진다. 그런데 이 기회들 중에서 누구에게나 찾아오는 기회가 하나 있다. 그것이 바로 '신혼의 시간'이다. 계획된 기회이고 결혼을 하는 누구에게나 해당되는 시간이다. 신혼은 그 자체가 기회이자 앞으로 찾아올 기회를 잡을 수 있는 준비를 할 수 있게 해준다. 이 기회를 잘 활용하면 분명 자신이 세운 인생의 꿈과 목표를 이루는 데 도움이 될 것이다.

이 책은 신혼의 시간이 노후준비를 가장 효율적으로 할 수 있는 기회의 시간이라는 데 초점을 두었다. 1장에서는 돈의 속성과 그 속성을 이용해 신혼 때 노후준비를 해야 하는 이유를 설명한다. 2장은 효율적으로 돈을 모으고 불려 노후준비자금으로 활용할 수 있는 돈 관리 방법을 알려준다. 3장은 구체적으로 돈을 모으고 불릴 수 있는 여러 금융상품을 설명하고, 4장은 돈을 모으고 불리는 방법과 준비된 노후자금의 활용법을 설명한다. 또한 부부가 함께 작성할 수 있는 계획표를 예시와 함께 준비했다.

즐겁고 행복한 미래를 위한다고 해도 절대 신혼의 단꿈을 저버리지는 말자. 신혼의 단꿈은 살면서 단 한 번밖에 누리지 못하는 소중한 시간이다. 다만, 이 소중한 시간이 인생에 있어 매우 중요한 기회라는 것을 명심하자. 이 기회를 잘 활용해서 신혼의 단꿈에 돈꿈까지 같이 누릴 수 있다면 이보다 더 행복한 신혼생활이 있을까?

1장

시간의 힘을
이용하는
처음이자
마지막 기회

미쳐서 결혼했는데
돈 때문에 미치겠네

영화 제목처럼 정말 '결혼은 미친 짓'일까? 미친 듯 서로를 사랑해서 결혼했으니 결혼을 미친 짓이라고 해도 틀린 말 같지는 않다. 그런데 서로 좋아 죽겠다고 결혼하고서 왜 그렇게 싸우는지……. 어쩌면 당연한 일이다. 결혼을 하면 지금까지 단 한 번도 경험하지 못했던 인생, 말하자면 서로 다른 '둘'이 이제는 '함께'가 되는 새로운 인생이 시작되기 때문이다. 한 번도 해보지 않은 '함께'이기 때문에 여러 소통의 문제가 발생하기 시작한다. 이럴 땐 나누어야 해결되고 저럴 땐 합쳐야 해결되는, 진짜 미치고 싶은 일들이 일어난다.

"결혼하고 나서 무슨 일로 많이 싸웠나요?"

재테크 관련 강연을 하거나 재무 컨설팅을 할 때 결혼한 사람들에게 간혹 이와 같은 질문을 던지면 대부분 가사분담이라고 대답한다. 맞벌이를 하면서 누군 일하고 들어와 힘들다고 뒹굴뒹굴하고 누군 밥하고 청소하니 당연히 할 말이 많다. 그 '누구'가 누군지는 모두 잘 알 것이다. 이것만으로도 설전을 벌일 상황인데 어쩌다 시킨 청소조차 성에 안 차니 화가 치밀어 오른다.

"이게 청소한 거야? 시킨 내가 바보지. 차라리 내가 하고 만다."

"아니, 바닥을 쓸고 닦으면 되지, 이 이상 뭘 더해?"

이렇게 소통 안 되는 답답한 상황이 지속되다가 어느 날 해결 방법을 찾는다. 청소해야 하는 곳을 일일이 적어서 꼭 순서대로 하라고 지시한다. 그러면 최소한 집 안 청소를 다시 하지는 않는다. 시키는 사람도 일을 하는 사람도 편하다. 이제야 소통이 좀 되는 것 같다.

신혼부부 사이에 왜 그렇게 소통이 어려운 걸까? 사람은 필요한 만큼 얻지 못하면 부족한 만큼 채우려고 한다. 결혼하고 알콩달콩 살면 행복하겠지 하고 생각했지만 막상 결혼하고 나니 이곳저곳에서 부족함이 느껴진다. 대표적인 것이 돈이다. 실제로 최근 미국의 선트러스트뱅크가 기혼자와 애인이 있는 사람들을 상대로 조사한 결과 재정적인 문제가 관계를 해치는 가장 큰 요인으로 꼽혔다. 직접 통계를 확인하지는 못했지만 우리나라도 비슷한 상황일 것이다.

이제는 부부이기에 돈 관리를 함께해야 하는데, 여기서 절대적으로 필요한 부분이 소통이다. 그러나 돈 관리 주도권을 한 번 빼앗기면 평생 후회한다는 낭설을 믿고는 서로 그 주도권을 가지려고 한다. 그러다 보니 소통하기보다 힘겨루기를 하고, 결국 한쪽으로 주체가 결정되거나 아니면 따로 관리하는 방향으로 결정을 내린다. 팽팽한 줄다리기의 결과치고는 매우 단순하다.

돈 관리는 줄다리기도 아니고 자존심 싸움의 대상도 아니다. 돈 문제는 현실이자 당면한 과제이기에 부부의 소통이 절대적으로 필요하다. 이를테면 캔버스 위에 두 사람의 꿈을 그려야 한다고 해보자. 화려하게 그림을 그리려면 여러 색깔의 물감이 필요한데, 이때 자신이 가진 물감을 숨겨서는 안 된다. 서로 자신이 가진 모든 물감을 상대에게 보여주어야 함께 그림을 완성할 수 있다. 여기서 물감은 돈이라고 할 수 있다. 돈에 관한 자신의 생각과 계획을 솔직히 밝힌 뒤, 그다음 함께 돈을 관리하는 묘안을 찾아야 한다.

얼마 전 40대 후반의 어떤 여성 고객을 상담한 적이 있다.

"우리는 다 준비했어요. 더 이상 준비할 게 없어요."

"무얼 얼마나 준비해야 하는지 잘 알고 계시겠네요."

"아뇨. 전 잘 몰라요. 실은 제가 돈에 좀 밝지가 않아서 신혼 때부터 남편이 관리하기로 했고 지금도 그렇게 하고 있거든요."

고객은 돈을 어떻게 관리하는지 전혀 모른 채 남편이 잘하고 있겠거니 하고 관심조차 없었다고 한다. 거의 20년을 같이 살아온 부부가 서로에 대한 믿음을 갖고 있다는 건 다행스런 일이다. 하지만 무관심에 가까운 맹신은 종종 심각한 문제를 초래한다. 다행히 이 가정이 준비하고 있는 자산을 분석해본 결과, 안정적으로 준비가 되어가고 있었기에 몇 가지 부족한 부분만 보완하는 것으로 상담을 마무리했다. 그런데 상담을 진행하면서 아내가 생각하고 있던 것과 꽤 다른 내용들이 있어서 남편이 해명을 하느라 진땀을 흘렸다. 만약 어느 한쪽이 알지 못한 큰 문제로 인해 서로에게 믿음을 가질 수 없는 상황이라도 생긴다면 매우 곤란해지지 않았을까?

서로에 대한 믿음으로 이루어진 가정이지만 그 믿음만 가지고는 돈 관리의 투명성이 만들어지지 않는다. 같이 관리하고 함께 고민하는, 소통의 돈 관리가 신혼 재테크의 핵심이다.

국가나 기업처럼 규모가 크진 않지만 가정 경제도 돈으로 인한 갈등 요소가 곳곳에 숨어 있다. 이를테면 부동산 매매, 자녀 교육비, 부모님 용돈 같은 크고 작은 돈 문제로 얼굴을 붉히는 일이 종종 생긴다. 이렇듯 돈이란 우리에게 행복을 가져다주는 도구이면서 갈등을 유발하는 원인이 되기도 한다. 그런 상황에서 우리는 대개 '돈 때문에……'라고 말하며 사람보다는 돈을 탓한다. 정말 돈이 없어서 갈등이 생기는 걸까?

누구나 이 지긋지긋한 돈 문제에서 해방되어 자유로워지고 싶어 하지만, 실제로는 결혼해서 노후까지 돈에서 자유로운 사람은 많지 않다. 재정 수준에 따라 달라질 수 있겠지만, 대부분은 사랑해서 결혼하고 아이 낳고 속된 말로 지지고 볶다 은퇴하고 나서야 '왜 이렇게 살아왔을까?' 하고 후회한다. 30대에 결혼하고 40대를 준비하지 못하면 이미 50대에는 체념하게 되고 60대를 맞이하면서 준비하지 못한 30년을 한탄하게 될 수도 있다는 의미다. 과거 30년을 후회하면서 미래 30년을 고민하는 삶, 과연 이것이 인생이라면 얼마나 슬플까.

지금의 20대에서 40대는 60대가 되면 묻힐 곳을 찾던 우리 아버지 세대가 아니다. 오래 잘 살아주십사 환갑잔치를 하던 그런

시대는 이제 오지 않는다. 앞으로 살아가야 할 날들이 태어나 결혼한 시점까지의 인생보다 더 많이 남아 있다. 결국 남은 그 긴 시간을 어떻게 준비해서 살 것인가는 매우 중요한 문제가 된다.

'친구 결혼식에 다녀왔다. 화려한 분위기에 눌려 축복도 하는 둥 마는 둥 구경만 했다. 내년이면 나도 결혼을 해야 한다. 나도 호텔 웨딩홀에서 해야 하나?'

다른 누구보다 좋은 환경에서 더 큰 축복을 받으며 새 인생을 시작하고 싶은 것은 당연한 심리다. 비용에 대해서는 '평생 단 한 번'이라는 이유로 당연히 써야 하는 것으로 생각한다. 하지만 이미 결혼한 사람들은 다르게 말한다.

"그때 그 돈을 차라리 모아두었으면……."

'친구 아들이 이번에 영어유치원에 들어간단다. 생각보다 돈이 너무 많이 들어간다고 한숨을 쉰다. 그래도 영어로 대화가 된다나? 우리도 보내야 하지 않을까?'

아이를 낳고 그 아이가 잘 커가는 모습을 보면 부모로서 당연히 행복하다. 내 아이가 먹는 것, 입는 것, 배우는 것 모두 최고이길 기대한다. 그래야 아이의 인생이 남들보다 앞설 것이라 생각한다. 우리 사회에 그런 문화가 만들어진 것도 문제지만, 어느 부모가 자기 아이가 남들보다 뒤처진 모습에 만족할 수 있을까? 결국 아이를 위해 돈을 쓴다. 또 돈이다.

'10여 년을 같이 지내던 옆집이 이사를 간다. 얼마 전 신도시에 분양을 받았다고 하더니 벌써 입주한다고 한다. 부럽다. 나도 가고 싶다. 아이도 커가는데 깨끗하고 더 넓은 집에서 살고 싶다. 저금리 대출이 눈에 들어온다.'

이 정도는 갚아나갈 수 있다는 마음에 아내와 함께 모델하우스 투어를 한다. 지금 당장 계약을 하면 1,000만 원을 아낄 수 있다는 말에 아내가 더 안달을 한다. 직장에서는 더 멀어지지만 모델하우스의 유혹에 더 심한 갈등을 느낀다. 아끼고 살겠다는 아내의 말에 전적으로 수긍하면서 결국 계약을 한다. 이제 정말 큰돈이다.

'어느새 아이가 다 커서 남자친구를 데리고 왔다. 결혼할 남자란다. 졸업한 지 얼마나 됐다고 벌써 결혼하겠다고 저런다. 남자친구란 놈도 성에 차지 않는다. 그래도 결혼하겠다고 막무가내다. 미워 죽겠다.'

공부시키느라 쏟아 부은 돈이 아른거리는데도 어쩔 수 없다. 결혼 비용도 만만치 않다는 생각에 가슴이 답답하다. 그래도 아직 직장에 다닐 때 빚을 내서라도 결혼시켜야지. 정말 어쩔 수 없다. 또 돈이다.

'몇 년 만에 모이는 동창회다. 나이가 들어서 그런지 다들 조용하게 이야기만 나눈다. 주로 퇴직과 일에 대한 이야기다. 명퇴하고 장사 좀 해보려고 했더니 그것도 쉽지 않고 다른 일자리를 알

아봐도 신통치가 않다고 한다.'

이런 현실, 참 슬픈 이야기다. 노후자금 준비에 대한 이야기라도 나오면 국민연금이나 좀 받으면 그것으로 끝이라는 말에 다들 동감하는 분위기다. 그래도 직장에서는 어느 정도 성공했다고들 하지만 거기까지가 한계다. 지금은 실직의 두려움과 안갯속 같은 자신의 미래가 심하게 가슴을 짓누른다.

누구나 한 번 정도는 노후에 돈이 얼마나 필요할지 생각해본다. 하지만 계산이 골치 아프다. 결국 고민을 포기하고 생각 자체를 회피한다. 그냥 어떻게 되겠지 하는 생각으로 버티지만 앞이 캄캄하다. 죽기 전까지 돈 문제다. 돈과의 싸움이다. 어느 누구도 돈을 적으로 둘 생각은 없겠지만 말이다. 자칫하면 돈과의 싸움이 아니라 부부 간의 서글픈 싸움으로 진화할 수 있다.

만약 돈과 혈투를 벌여서라도 돈에서 자유로워지는 방법이 있다면 지금이라도 당장 시작해보겠지만 안타깝게도 돈을 적으로 두고 싸워서 이기는 방법은 없다. 하지만 돈의 속박에서 자유로워질 수 있는 길은 분명 존재한다. 그 길의 출발점은 지금부터 부부가 함께하는 돈 관리에서 찾을 수 있다. 신혼이기에 백지에 어떻게 써내려갈지 부부가 논의하며 결정하면 된다.

관리를 잘해야 가치가 생긴다

인생에서 가장 중요한 것이 무엇이냐고 물어보면 많은 사람이 '돈'이라고 말한다. 그럼 그 돈이란 대체 무엇이냐고 물으면 선뜻 대답하지 못한다. 중요한 건 알지만 너무나 익숙해져서 그것의 의미에 대해 생각해본 적이 없기 때문이다. 돈을 정의할 수 없으니 돈에 대한 정보를 어떻게 얻어야 하는지도 잘 모를 수밖에 없다. 그래서 항상 돈이 부족하다고 느끼는 것은 아닐까? 이제 막 결혼해서 재테크를 제대로 해볼 생각이라면 우선 돈에 대한 관심이 필요하다. 돈에 대한 관심을 가지면 가질수록 돈을 관리할 수 있는 힘이 생긴다.

학자들은 돈의 개념을 우리와는 다른 방식으로 접근한다. 예를 들어, '채무라는 존재를 확인하기 위해 가치를 부여한 것'이 화폐라고 정의하는 식이다. 뭘 그렇게 복잡하게 말하느냐고 생각할 수도 있는데, 쉽게 풀자면 물건을 취득하고 그 대가를 지불해야 할 의무를 지는 것이 채무이고, 그 대가의 가치를 평가할 수 있는 것이 바로 돈이라는 말이다.

그런데 이 '돈'이라는 글자는 언제부터 쓰였을까? 국문 기록이 시작된 이래 한 번도 단어의 형태가 변화하지 않고 지금까지 쓰였을 뿐만 아니라 방언조차 없다는 점이 신기하다. '돈다'라는 말에서 나왔다고도 하고, '한곳에 머물지 않고 돌아다닌다'고 해서 돈이라고도 한다는데, 물론 학문적이라기보다 민간상의 어원이지만 참 재미있는 발상이다. 우리 조상들은 돈이라는 글자를 사용할 때 이미 그 의미뿐만 아니라 돈이 가지고 있는 특성을 정확하게 인식하고 있었던 것이 아닐까 싶다.

돈은 어디에 있든 어느 곳에 쓰이든 가치평가가 분명하다. 많고 적음을 알 수도 있고 그 무게를 느낄 수도 있다. 그런데 이 돈은 쓰임에 따라 본래의 가치를 다하지 못할 수 있다.

오래전 건물 벽을 수리하던 사람들이 벽에 숨겨져 있던 금궤를 발견하고는 훔친, 드라마 같은 사건이 신문에 실린 적이 있다. 정작 그 건물의 주인은 벽 속에 금궤가 있는지조차 몰랐다고 하니 더욱 놀라운 일이다. 노환으로 돌아가신 아버지가 숨겨놓은 금궤로 예측만 할 뿐이었다. 그렇다면 과연 건물 주인에게 이 금궤는 가치가 있는 것일까? 금궤를 훔친 작업자들에게는 어마어마한 가치를 가져다주었겠지만 정작 건물 주인은 금궤가 있는지 모르고 있었으니 말이다. 수십억 원이 되는 돈도 금고에 넣어놓고 평생 쓰지 않는다면 아무런 가치가 없는 하찮은 사물일 뿐이다. 생명체라면 금고 안에서 굶어죽었을 것이다. 돈은 말 그대로 돌고 돌아야 한다. 이용을 해야 본래의 가치를 더 빛나게 해준다. 돈에 가치를 부여하고 생명을 불어넣으면 살아있는 것처럼 움직이고 성장

한다. 이것이 바로 돈을 관리해야 하는 이유다.

돈을 잘 관리하기 위해서는 돈에 대한 철학이 필요하다. 이제는 혼자만의 인생이 아니니 더욱 그렇다. 돈에 대한 두 사람의 생각을 나누고 올바른 가치관을 지닌 하나의 철학으로 만들어야 한다. 그러기 위해서는 공감이 필요하다. 돈을 벌어야 할 때도, 돈을 써야 할 때도 서로 공감하는 철학이어야 한다. 이를테면 '개처럼 벌어서 정승같이 써라'가 돈에 대한 철학이 될 수도 있다.

재테크 초보자가 알아야 할
돈의 속성들

복리와 72법칙

젊다고 모르고 나이 들었다고 반드시 아는 것은 아니지만, 돈의 속성들을 알면 돈 관리하기가 더 쉬워진다. 이 중에 젊었을 때 알아두면 나중에 크게 이익을 보는 속성들이 몇 가지 있다. 인류는 돈을 발명한 이래 그 돈에 생명력을 더하는 방법들을 하나둘 만들어냈다. 그중 하나가 바로 복리다. 복리를 일컬어 세계 8대 불가사의라고도 하고, 천재 물리학자 아인슈타인은 인류가 만든 가장 위대한 발명품이라고 했다. 복리가 그렇게까지 대단한 꼬리표를 단 이유는 그것의 쓰임이 엄청난 결과를 가져오기 때문이다.

복리는 이용하기에 따라 체감하는 장단점이 다르다. '복리'라고 하면 잘 알아듣지 못하는 어른들도 '달러이자'라고 하면 바로 알아들으시는데, 그분들에게 달러이자는 한마디로 무서운 이자다. 이자를 내다 보면 어느새 이자가 원금을 넘어서 버리고 결국은 헤어날 수 없는 빚의 세계로 빠진다는 것을 알고 있기 때문이다. 이처럼 긍정적이든 부정적이든 돈의 속성을 극대화할 수 있는 최고의 도구가 복리라는 것은 분명하다.

일상의 여러 영역에서 복리는 존재하지만 사실 사람들이 그것을 인식하는 경우는 많지 않다. 가장 대표적인 예로 학창시절 수학시간에 단리와 복리의 법칙에 대해서 배우지만 그 법칙과 공식을 어른이 되어 기억하는 사람은 많지 않다. 단지 배우기 위한 한 가지 이론에 불과했기 때문이다. 그러나 오늘날 복리는 돈을 활용하기 위해서 반드시 알아야 하는 중요한 개념이 되었다.

그렇다면 복리란 무엇인가? 단리와 비교하여 쉽게 설명해보자. 단리는 종이를 한 장씩 계속 쌓는 것이고 복리는 종이를 한 번씩 계속 접는 것으로 이해하면 쉽다. 한 장에 0.1밀리미터 두께의 A4 용지를 42장 쌓는다고 한다면, 단리의 경우 4.2밀리미터가 된다. 그런데 복리 방식으로 한 장을 계속 접어나간다면 접을 때마다 두께가 두 배씩 증가한다. 접는 횟수가 늘어나면서 두께도 배로 늘어나는데 결국 42번을 접으면 약 44만 킬로미터가 된다. 지구와

달의 거리보다도 더 먼 길이다.

수학자들은 복리를 쉽게 계산할 수 있도록 법칙을 만들어냈다. 바로 72법칙이다. 이 법칙을 이용하면 돈이 두 배가 되는 시간을 쉽게 계산할 수 있다. 이를테면 연복리 4퍼센트의 이자를 주는 금융상품이 있다고 하자. 이 상품에 가입했을 때 원금이 두 배가 되는 시간은 72 나누기 4를 해서 18년이 된다. 만약 3퍼센트의 이자라면 72 나누기 3으로 24년이 된다.

다음은 72법칙으로 비교 계산을 해본 것이다. 단순히 복리로 계산한 결과지만, 저금리에서의 1퍼센트 차이와 고금리에서의 1퍼센트 차이는 자산이 불어나는 속도가 확연하게 다르다는 점에서 저금리의 시대를 지나 초저금리의 시대에서 살고 있는 요즘 자산관리의 초점을 어디에 맞추어야 하는지를 알 수 있게 해준다.

72법칙을 이용한 예를 들어보자. 직업상 신혼부부를 상담하면

고금리		저금리	
9%	8%	3%	2%
1%	=	1%	
8년	9년	24년	36년
1년	<	12년	

72법칙을 이용한 금리의 이해

서 연금 이야기를 많이 나누는데, 대부분 노후준비 차원보다는 장기저축의 의도를 가진 경우가 많다.

"노후생활비로 얼마 정도를 생각하시나요?"

이렇게 물으면 많은 사람이 월 200~300만 원을 말한다. 그러면 이 금액에서 국민연금과 퇴직연금에서 받을 수 있는 금액을 빼고 모자란 100만 원 정도를 받을 수 있도록 저축을 권한다. 매월 100만 원을 받으려면 은퇴 시점에 최소한 2억 이상은 적립되어 있어야 한다. 연 6퍼센트의 기대수익률로 산정해서 지금부터 몇 년간 5,000만 원을 모으면 그 목돈으로 12년 뒤에 1억 원이, 또 12년 뒤에는 2억 원이 만들어진다. 이렇게 은퇴 시점인 65세에는 목표 금액을 만들 수 있다.

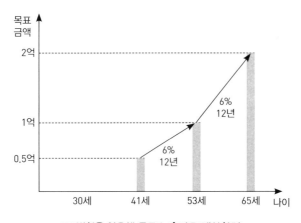

72법칙을 이용해 목표 노후자금 계산하기

복리의 효과는 시간과 수익률에 의해서 나타나는 것이므로 목표 금액을 달성하는 시간을 앞당기고 싶다면 수익률이 높은 투자처를 찾아야 한다. 그것이 아니라면 시간의 힘을 이용해야 한다. 조금이라도 일찍 시작해서 안정적으로 목표한 금액까지 돈을 불리는 것이 가장 좋은 방법이다.

'언젠가는 여행을 가야지', '언젠가는 집을 사야지' 이런 식의 막연한 목표는 결국 그저 바람으로만 끝나는 경우가 많다. 구체적으로 얼마의 자금이 필요하고 준비기간은 얼마나 걸릴지 정해진다면 그에 맞는 수익률을 결정해서 투자를 할 것인지 저축을 할 것인지, 혹은 준비기간을 좀 더 늘릴 것인지를 결정할 수 있다. 결국 계획적인 실천을 통해서 바라는 목표를 하나씩 이룰 수 있다. 이렇게 복리의 중요성뿐 아니라 목표를 이룰 수 있도록 구체적인 지표와 방향을 알려주는 훌륭한 수단이 바로 '72법칙'이다.

저금과 저축, 투자와 수익률

"아껴서 저금해!" 어려서 꽤나 자주 들었던 말이다. 명절이라도 지내고 나면 매번 듣는 소리가 "받은 돈 다 내놔. 엄마한테 저금해. 나중에 돈 필요하면 말해"다. 웃긴 얘기지만 그 돈을 돌려받지 못한 적도, 그 돈이 불어나 다시 내 손으로 들어온 적도 없었으니 그건 저금이 아니었다. '저금(貯金)'은 말 그대로 돈을 모아두는 것이다. 돼지저금통이 되었든 냉장고 안이 되었든 돈을 한군데 모아둔다. 당연히 손을 대지 않으면 줄지도 늘지도 않는다.

일반적으로 같은 의미로 사용하고 있는 '저축(貯蓄)'이란 말은 돈을 쌓는 것이다. 이 말에는 '소비하지 않는다'라는 의미가 포함되어 있다. 소비하지 않은 돈을 은행에 빌려주고 소비하지 않은 노력에 대한 보상으로 이자가 붙는다. 이것이 곧 저축이다. 저축은 반드시 이자를 필요로 하고, 이자는 금리나 수익률로 발생한다. 때문에 저축을 한다는 것은 금리나 수익률에 관심을 갖는 것이다.

그렇다면 어릴 적 용돈을 받을 때마다 이런 얘기를 들었다면 어땠을까?

"이번에 받은 돈은 어디에 투자할까?

우리가 어려서부터 '투자'라는 말에 익숙해져 있다면 지금의 삶이 크게 달라져 있을지도 모른다. 투자는 모아두는 것이 아니라 크기를 불리는 것으로서 저금과는 전혀 다른 결과를 가져오기 때문이다. 투자는 저축을 하는 가장 효과적인 방법으로 돈에 대한 인식을 변화시킨다. 이 변화에는 위험도 존재하지만, 어차피 돈을 모으기만 하는 것도 가치손실이 발생하는 기회비용의 상실이므로 위험하긴 마찬가지다. 말하자면 돈을 쌓아놓든 투자를 하든 어차피 위험은 같다는 말이다. 단, 한쪽은 확정된 손실이고 다른 한쪽은 확률적인 손실이다. 선택은 자유다.

여기서 우리가 확률적 손실을 선택한다면 반대로 확률적 이익이 반드시 존재한다. 그 확률적인 이익을 수익이라고 부른다. 이것이 크면 클수록 위험도 당연히 커진다. 그러나 이 위험을 적정한 수준에서 관리할 수만 있다면 성공적인 투자를 할 수 있다.

그럼 어떻게 투자하는 좋을까? '-50+100법칙'을 통해 위험관리에 대한 투자의 기본을 알아보자. 다음과 같이 각각 동일한 금액 1,000만 원으로 서로 다른 투자를 한다고 가정해보자.

여기서 알 수 있는 것은 1과 2의 투자에서 원금대비 2년차에는 같은 결과를 나타내지만 1년차에서 2년차로 원금이 되는 과정은 상반된다. 이익이 났을 경우(50퍼센트)에는 그 이익이 난 만큼만

단위: 천원

비교 연차	1			2		
	평가금액	원금대비	전년대비	평가금액	원금대비	전년대비
0년차	10,000	0%	0%	10,000	0%	0%
1년차	15,000	50%	50%	5,000	−50%	−50%
2년차	10,000	0%	−33%	10,000	0%	100%

투자에서의 손실과 이익의 논리

손실을 가져오고, 그 비율은 이익 난 비율보다 적은 손실율(-33퍼센트)을 가진다. 하지만 손실이 났을 경우(-50퍼센트)에 원금에 도달하기까지는 손실이 난 순간의 평가금액에서부터 수익률이 정해지므로 100퍼센트의 수익이 나야만 원금에 이를 수 있다. 이것이 바로 투자의 기본적인 위험관리 개념을 정립해준다.

"20퍼센트 손해 봤으니까 20퍼센트만 올라주면 되겠네요."

"아닙니다. 20퍼센트 손해 봤기 때문에 25퍼센트의 수익이 나야만 원금이 됩니다."

이 말이 이해가 간다면 투자를 시작해도 좋다. 적절한 위험을 가지고 있어야 그에 상응하는 수익을 얻을 수 있다는 투자의 개념을 이해한 것이기 때문이다. 투자는 '이익을 얻기 위하여 어떤 일에 자본을 대거나 시간이나 정성을 쏟는 것'이라는 사전적 의미를 갖는다. 여기서 '정성'이라는 말에 관심을 갖자. 돈을 관리하는 데 반드시 필요하다. 이 정성이 손실의 위험을 막아주고 알맞은 수익을 보증한다는 것만 염두에 둔다면 효과적인 투자를 할 수 있다.

저금보다는 저축을, 그리고 저축을 하더라도 투자를 해야 한다. 투자는 돈을 효과적으로 불리고 관리하는 최선의 방법이다. 투자에서 수익률은 돈을 불리는 효과를 가져다주기도 하지만 금쪽같은 돈을 허공에 날려버리기도 하므로 위험관리를 위한 도구로도 활용해야 한다. 돈의 속성을 활용할 수 있게 해주는 최고의 수단으로 이 수익률을 이해하고 잘 활용하면 돈이 불어나는 속도가 달라진다. 이 수익률이야말로 투자의 기본이자 재테크의 핵심이라 할 수 있다.

좋은 빚과 나쁜 빚

내 돈을 남에게 빌려주면 이자가 붙어 돌아온다. 반대로 남의 돈을 빌리면 이자를 붙여 돌려줘야 한다. 이렇게 빌려주거나 빌리는 돈을 '빚'이라고 하고 이 과정에서 생기는 이자를 '대출이자'라고 한다. 빚은 돈이 가지고 있는 또 다른 중요한 속성이다. 돈의 사전적 의미 중 '채무 존재 확인을 위해 부여된 가치'라는 해석이 있는데, 이때 채무(債務)는 빚을 지는 것뿐만 아니라 그 빚을 갚아야 하는 의무도 말한다.

과거에는 돈을 모아서 쓰는 방식으로 살았는데 어느 순간부터 돈을 쓰고 나서 갚아나가는 모양새에 길들여지고 있다. 대부분의 사람들이 빚을 져야만 살 수 있는 인생에 익숙해져 있는 것이다. 빚은 전적으로 좋은 것도 반대로 전적으로 나쁜 것도 아니지만 이 속성 하나로 우리는 우는 일이 많다. 이렇게 된 이유가 무엇일까?

'빌린다'는 말에는 갚을 것을 약속한다는 의미가 내포되어 있다.

• 자기 돈으로만 투자했을 때

| 1,000만원 | 50% 수익 → | 1,500만원 |

자기 돈 1,000만원

자기 돈 1,000만원
수익   500만원
(원금대비 50% 수익)

• 돈을 빌려 레버리지 효과를 기대할 때

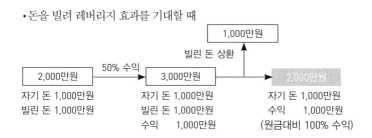

1,000만원

빌린 돈 상환

| 2,000만원 | 50% 수익 → | 3,000만원 | → | 2,000만원 |

자기 돈 1,000만원
빌린 돈 1,000만원

자기 돈 1,000만원
빌린 돈 1,000만원
수익   1,000만원

자기 돈 1,000만원
수익   1,000만원
(원금대비 100% 수익)

레버리지 효과(수익이 발생한 경우)

갚지 않을 것을 빌린다고 하지는 않는다. 그런데 빌리고 싶지 않고 빌릴 필요도 없는데 여기저기서 빌려준다고 한다. '빚 권하는 사회'라는 말처럼 매일 울리는 전화벨의 대부분이 빚 권하는 소리다. 은행도 카드사도, 금융회사라고 하는 곳은 어디든 대출을 권한다. 서민들에게는 어쩔 수 없이 기대야 하는 금융상품이긴 하지만, 이렇듯 필요 이상으로 빚을 권하는 사회적 분위기 때문에 '대출'이라는 단어에 부정적인 이미지가 생겼다.

그래서 대출상품을 팔아야 수익을 얻을 수 있는 사람들은 이런 부정적 이미지를 지울 수 있는 방법을 고안해냈다. 이른바 레버리지 효과(leverage effect)라고 부르는데, 대출을 효율적인 상품으로 포장해서 판매에 사용하는 기법이다. 한마디로 빚을 내서 투자하고 이익을 극대화하는 효과를 알려준다. 다음 표를 보면 레버리지 효과를 쉽게 이해할 수 있다.

위의 표는 수익이 발생한 경우의 예다. 자기 돈으로만 투자했을 때는 50퍼센트의 수익, 즉 500만 원을 벌었다. 그런데 레버리지 효과를 봤을 때는 같은 50퍼센트의 수익이지만 빌린 돈을 갚아도 2,000만 원이 남게 된다. 1,000만 원의 수익이 발생한 것이다. 같은 수익률인데 빚을 지고 투자해서 원금 대비 100퍼센트의 투자 수익을 거두었으니 성공적인 투자라고 할 수 있다. 그런데 문제는

• 자기 돈으로만 투자했을 때

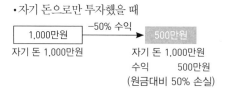

• 돈을 빌려 레버리지 효과를 기대할 때

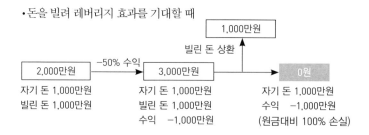

레버리지 효과(손실이 발생한 경우)

손실이 발생했을 때다.

자기 돈으로만 투자해서 손실이 발생하면 그냥 500만 원을 잃으면 그만이다. 그런데 레버리지 효과를 기대하고 투자했다가 손실이 발생하니 자신에게 남는 돈은 0이 된다. 결국 다 잃어버리게 된다. 이것이 가장 큰 문제다. 현실에서는 빌린 돈에 이자까지 포함되다 보니 '투자해서 다 날리고 빚까지 졌다'는 말을 듣게 된다. 더 큰 수익을 위해 예쁘게 포장된 대출상품을 선택한 결과치고는 너무 가혹하다. IMF 시절 강남의 빌딩이 헐값에 넘어갈 때 빌딩부자들이 겪었던 어려움이 바로 이 때문이기도 했다.

또 한 가지는 대출의 규모와 이율의 크기다. 대출이 자신의 수입에 비해서 너무 많거나 대출이자가 너무 높으면 어느 순간 반드시 독이 되어 다시 돌아온다. 이자가 이자를 부르고 그 이자를 감당하지 못하는 경우를 많이 봤을 것이다. 잠시 쓰고 갚으면 되겠지 하는 마음에 '혹'해서 대출받았다가 '헉'하는 순간이 반드시 온다.

대출은 앞으로 자기 힘으로 발생시킬 소득이 지금보다 클 것이라는 가정하에 저축할 만큼의 돈으로 미리 쓰는 '자산 이전의 효과'를 이용하거나, 미리 사놓은 자산의 가치가 상승하여 그 효과를 보는 '레버리지 효과'를 이용하는 것이 본래의 목적이다. 이 효과를 톡톡히 본 사람도 많다. 그런데 인생이 그렇게 마음먹은 대로 되면 얼마나 좋겠는가? 갑자기 수입이 줄거나 끊기고, 회사가 갑자기 문을 닫든가 아니면 잘되던 장사도 안 될 수 있다. 어쩔 수 없는 대출이라고 해도 타당하고도 적절한 규모를 유지해야 한다. 전문가들은 이자를 해결할 수 있는 수준의 수입이 있을 경우라도 담보대출을 포함한 전체 대출의 규모를 총자산 대비 최대 40퍼센트 이내로 유지하기를 권한다.

삶의 순서와
돈 관리 순서는 다르다

꿈을 그리면 순서가 보인다

"여기 정말 좋다. 다음에 꼭 다시 오자."

"그래, 우리 결혼 10주년에 다시 올까?"

신혼여행지의 황홀한 모습에 언젠가는 다시 오자고 약속했던 신혼부부들, 과연 몇 명이나 그 약속을 지킬 수 있을까?

"당신하고 파란 잔디가 깔린 넓은 정원이 있는 전원주택에서 살 거야."

"정말? 당신 그럼 돈 많이 벌어야겠네."

"당연하지. 내가 당신한테 그 정도 못해주겠어? 기다려봐."

아무런 생각 없이 던진 말이었는데 조금 부담은 된다. 그냥 해보는 소리지만 달성 가능성은 거의 제로다.

상상만 해도 기분 좋은 말이 있다. 듣는 사람도 상상의 나래를 펴고, 그 속에서 '그대'와 함께하니 정말 하늘을 날아다니는 기분이다. 그런데 거기까지다. 꿈을 꾸는 그 수준에서 멈춘다. 현실에서 이루어지는 것은 아무것도 없다. 그런데 누군가는 그 꿈을 현실에서 누린다. 차이는 무엇일까? 한마디로 꿈을 '목표'로 바꾼 경우와 그렇지 않은 경우다. 꿈이 목표가 된 순간 훨씬 더 현실로 누려볼 확률이 높다는 점이다.

목표는 방향을 설정하고 실행을 할 수 있게 해준다. 그렇다면 그 꿈을 어떻게 목표로 바꿀 수 있을까? 단순하게 생각해보자. 먼저 그 꿈을 그림으로 그려보는 거다. 그림을 잘 그리고 못 그리고는 중요하지 않다. 파란 잔디가 깔린 넓은 정원이 있는 전원주택을 갖고 싶다면 머릿속에 있는 그 모습을 그냥 그려보자. 삐뚤빼뚤 그려도 상관없다. 그리는 사람의 마음에는 이미 아름다운 전원생활의 모습이 한껏 펼쳐지니 모양은 상관말자. 그리고 모서리 한쪽에 언제 어디에 얼마를 들여 구입할 것인지 적어놓자. 구입할 돈은 어떻게 마련할지 생각해서 적어놓으면 더 좋다. 매달 얼마씩 모아서 마련할 것인지 아니면 지금 가지고 있는 일정한 자산을 정리해서 모아둔 돈과 더할지 결정해서 쓰면 된다. 그럼 그것은 꿈이 아니라 목표가 된다. 이제 왠지 당장이라도 그 집을 살 수 있을 것 같지 않은가? 꿈이 아니라 목표가 되니 마음가짐도 달라진다.

인생을 살아가면서 써야 하는 돈 중에서 가장 중요하고 필요한 자금을 뽑아보면 6가지가 있다. 생활자금, 주택자금, 자녀 교육자금과 결혼자금, 노후자금, 그리고 비상예비자금이다. 그중에서 마지막을 제외한 5가지를 '인생의 5대 자금'이라고 한다.

살아가면서 이루고 싶은 꿈 중 이 5대 자금에 포함되지 않는 꿈이 있을까? 아마도 없을 것이다. 물론 여기에 '해외여행'이나 '자동차'도 있을 것이고, '건강'이나 '사회봉사'도 있을 수 있다. 하지만 5대 자금과 같이 큰돈을 들여야 하는 것을 먼저 해결하지 않는 한 그 외의 것들은 말 그대로 꿈이 될 수 있다. 생활비가 없어 한 끼 먹는 걸 고민하는데 건강만 챙기고 있을 사람은 없지 않은가?

강연을 하거나 상담하면서 "꿈이 뭐죠?"라고 물으면 대부분이 주택을 구입하거나, 가족들이 큰 염려 없이 건강하게 잘 생활하는 것, 혹은 빚 걱정 없이 사는 게 꿈이라고 말한다. 그러고 나서 그 꿈과 꿈을 이루기 위해 들어가는 돈 액수를 적게 한다. 그렇게 하는 이유는 꿈으로 끝나지 않고 현실로 이루어질 수 있는 목표가 되도록 도와주기 위해서다.

목표의 크기가 얼마나 되는지 그리고 목표의 순서가 어떻게 되는지에 따라 돈 관리 순서도 정해진다. 여기서 중요한 것은 각 목표별로 돈을 따로따로 준비하라는 것이 아니라 함께 준비하되 목적을 분리하라는 것이다. 이 모든 목표와 목적에 알맞은 효율적이고 안정적인 준비를 하기 위해서는 '인생설계를 바탕으로 하는 돈 관리 방법'을 알아야 한다. 그것이 재무설계이고 그 과정에서 돈을 불려나가는 것이 재테크다.

돈으로 시간을 살 것인가, 시간으로 돈을 살 것인가?

금수저, 흙수저라는 말을 들어봤을 것이다. 모두가 같은 출발선에서 출발할 수 없는 우리 사회의 현실을 반영한 말이다. 대부분의 사람들은 이러한 현실을 어쩔 수 없이 받아들인다. 누군가는 저 멀리 앞에서 출발하고 누군가는 나와 같거나 저 뒤편에서 출발한다. 내가 어떤 수저를 가지고 있든 상관없이 그것이 우리 자신의 현실이다.

그러나 '시간'은 금수저, 흙수저와는 달리 모든 사람에게 공평하게 주어진다. 지나간 시간이 아니라 지금부터 모두에게 주어지는 시간, 바로 그 시간이 우리에게는 더 중요하다. 시간을 활용하는 방법은 자신의 선택이자 몫이다. 그렇다면 어떻게 활용할지 고민하고 최선의 방법을 찾아야 한다. 방법을 찾는 순간 미래에 펼쳐

질 인생이 완전히 달라질 수 있다.

'시간은 금이다'라는 말은 시간을 잘 활용하여 나 자신, 그리고 내가 가진 것들의 가치를 올리라는 의미이기도 하다. 그런데 실제 시간을 돈의 가치로 환산해보면 어떨까? 돈을 불리는 세 가지 요소는 목돈, 시간 그리고 수익률이다. 이 세 요소가 돈의 부피를 키우고 가치를 상승시킨다. 여기서 시간은 어디에 쓰든 흘러가지만 그것을 어떻게 활용하는지에 따라 그 가치 상승에 차이가 생긴다.

한 직장에 다니는 입사동기 두 사람의 이야기다. A는 직장까지 걸어서 10분이면 도달할 수 있는 곳에 집이 있다. 어렵게 돈을 빌려 비싸지만 회사 근처에 집을 샀다. 회사가 가까워 출퇴근이 만족스럽지만 부채를 갚아나가는 것이 부담스럽다. 한편 B는 대중교통을 이용해 한 시간 반을 출근하는 데 소비한다. 하지만 A의 집보다 절반이나 싸다. 부채도 없다. B도 나름 만족한다. 출근길을 운동이라 생각하고 다닌다. 하지만 가끔 시간이 아깝다고 생각한다.

한 사람은 시간으로 돈을 샀고 다른 한 사람은 시간으로 자산을 샀다. 두 사람의 가치관은 분명 차이가 있다. 어느 쪽이 자신의 미래를 아름답게 만들지는 아무도 모른다. 둘 다 본인의 생각에, 분명 올바른 선택일 것이다. 일장일단이라고 얻는 게 있으면 잃는 게 있다. 마찬가지로 재테크도 최소한 하나 이상의 양보를 필요로 한다.

하루에 한 시간을 여유시간으로 만든다면 그 시간을 다양하게 활용할 수 있다. 한 달 22일이면 22시간이고, 1년으로는 264시간, 10년이면 2,640시간이다. 무려 110일의 여유시간을 더 누릴 수 있다. 그 시간에 자기계발을 한다면 인생이 바뀔지도 모른다. 돈으로 시간을 샀으니 그 보상을 분명 받아야 한다.

반대로 비용을 아낀 경우도 있다. 한 달에 50만 원의 이자비용을 아낄 수 있다면 1년이면 600만 원을 저축할 수 있고 10년이면 6,000만 원이다. 10년 동안 그 돈으로 투자를 해서 연 6퍼센트의 수익률을 올리면 대략 8,300만 원 정도가 만들어진다. 두 아이의 대학등록금을 해결할 수 있는 돈이다. 시간으로 돈을 샀으니 그만한 가치를 돌려받을 수 있다.

옳고 그름의 문제가 아니다. 가치관의 문제고 선택의 차이다. 하지만 그 차이는 언젠가 결과로 나타난다. 돈으로 시간을 살 것인가, 아니면 시간으로 자산을 살 것인가?

은퇴준비부터 시작하라고?

학창시절에 시험 준비를 하면서 많은 계획을 세웠다. 물론 그 계획대로 실천해본 기억보다 시간이 부족하다고 징징댔던 기억이 더 많다. 항상 한두 과목은 준비가 제대로 되지 않은 채 시험을 볼 수밖에 없었다. 하지만 계획이라도 세웠기에 최소한의 노력은 할 수 있었던 것 같다.

대입준비생, 취업준비생, 고시준비생…… 여기에 덧붙일 준비생이 하나 더 있다. 바로 '은퇴준비생'이다. 은퇴를 준비하는 데 무슨 준비생이라는 말까지 쓰나 싶겠지만 단순한 문제가 아니다. 단 몇 년 준비해서 합격하면 새로운 미래를 그릴 수 있는 준비가 아니기 때문이다. 수십 년을 준비해야 한다. 모두가 그 시험에 통과하지만 결국 합격자의 순위가 정해지고 그 순간부터 죽을 때까지 정해진 순위에 따라 살아야 한다. 절박한 심정이 아닐 수 없다. 삶의 가치가 돈의 논리로 정해져버리는 기나긴 인생 여정이 기다린다.

그렇다면 이렇게 순위까지 정해지는 은퇴준비에 대해 우리는 과연 얼마나 잘 알고 실행하고 있을까? 초등학교에 입학해 고등학교를 졸업할 때까지를 기억해보면 모든 초점은 대학에 맞춰져 있다. 그렇게 준비하는 데 무려 12년이 걸린다. 이렇게 대학을 가기 위해서 그 많은 시간을 투자하는데, 은퇴준비생이라면 과연 몇 년이나 준비를 해야 할까? 30세부터 준비한다고 하더라도 최소한 60세까지 무려 30년은 은퇴 후 노후자금을 위해 준비해야 한다. 이 30년은 은퇴를 통과하기 위한 과정일 뿐 같은 기간에 여러 개의 다른 과목도 마쳐야 한다. 모든 과목에 크든 적든 비용이 들며,

한 번 공부한 것을 다시 돌이킬 수도 없다. 재수, 삼수가 없는, 모든 과목이 실전이다. 예행연습이 없기 때문에 철저한 준비가 필요하다.

결혼, 주택마련, 자녀교육자금과 결혼, 사업, 실직 등이 모두 그 과목들이다. 그 외에도 무수히 많은 과목들이 있다. 그중 가장 중요한 과목이 바로 노후준비다. 대부분의 과목은 어느 정도 기간이 정해져 있고 그 기간 또한 그리 길지 않다. 하지만 노후준비라는 과목은 준비기간도 길뿐만 아니라 시험기간도 매우 길다. 한 번 시작하면 죽기 전까지는 계속되는 시험이다. 그래서 준비기간도 오래 걸린다. 어느 한 순간에 벼락치기로 할 수 있는 것이 아니고 절대 누군가 대신 해주지도 않는다.

가장 크게 필요한 돈을
가장 먼저 준비하라

너무 빠른 노후준비는 없다

산에 오르다 보면 올라갈 때와 내려갈 때 느낌이 다르다. 올라갈 때는 보이지 않던 풍경이 내려갈 때는 선명하게 보인다. 아마도 여유를 가질 수 있기 때문일 것이다. 계속 올라가기만 한다면 멋진 풍경은커녕 꽃 한 송이 제대로 보지 못할 것이다. 마찬가지로 인생이 끝없는 오르막길이라면 얼마나 슬픈가. 삶 자체를 긍정적으로 보기 어려울 것이다.

흔히들 은퇴 이후를 내리막길로 본다. 내리막길이라고 부정적으로 볼 이유는 없다. 그 내리막길에 지금까지 바라보지 못한 아

름다운 풍경이 펼쳐져 있을 수도 있기 때문이다. 물론 내리막길의
여유를 가질 수 있는 것은 오르막길의 삶을 충실하게 살았기 때문
이다. 그렇지 않았다면 아직도 계속 올라가야만 하는 인생일지도
모른다. 안타깝게도 우리 주변에는 어쩔 수 없이 더 올라가야 하
는 사람들이 많이 있다. 어떤 이들은 산 정상에서 어디로 내려가
야 할지 고민하기도 한다. 준비도 안 됐는데 갑자기 그 결정을 내
려야 한다고 하니 뭘 어떻게 해야 할지 갈피를 못 잡는 것이다.

1954년부터 1963년 사이에 태어난 우리나라 베이비부머들은
경제발전의 최전방에서 청춘을 바친 분들이다. 그로 인해 우리 경
제는 선진국의 문턱까지 올라올 수 있었다. 그런데 이 베이비부머
중 대부분의 사람은 자신이 예비은퇴자라는 사실을 인식하지 못
한 채 은퇴를 맞았다. 따라서 금전적인 은퇴준비뿐 아니라 은퇴
후 삶에 대한 준비조차 생각해보지 못했다.

"어느 날 갑자기 퇴직을 하게 되니 처음에는 회사로부터 버림을
받았다는 사실에 화가 나더라구요. 그러다가 분노가 점점 좌절로
바뀌면서 체념하게 되더군요. 현실을 인정하고 나니 점차 자존감
을 잃어가고 우울증까지 걸렸습니다."

한 은퇴자의 이야기다. 누구보다 열심히 살아왔다고 자부했는
데 은퇴하는 순간 자신에게 닥친 환경이 지금까지 경험했던 그 어
떤 공포보다 더 무섭게 자신을 억누르기 시작했다고 한다.

"이럴 줄 알았으면 미리 준비했을 겁니다. 이렇게 될 거라고는 생각하지 못했어요. 뭘 해야 할지 정말 모르겠어요."

처음 겪어보는 환경에 어떻게든 적응해보려고 발버둥치는 은퇴자의 모습이다. 문제는 그런 모습으로 살아가야 하는 시간이 너무나도 길다는 데 있다. 60세에 은퇴했다면 앞으로 40년이다. 얼마 전까지만 해도 100세를 산다는 말에 '설마 내가 그때까지 살겠어?'라고 생각했는데 이제는 그런 일이 정말 가능할 거라고 생각하는 사람이 많아졌다. '어떻게 되겠지?'라는 생각이 아니라 '어떻게 준비하지?'라는 생각이 절실해졌다.

그럼 언제부터 준비해야 할까? 정답은 없다. 지금 서 있는 그 자리, 그 순간이 바로 준비를 시작해야 하는 순간이라고 생각하면 된다. 지금이 신혼이라면 다소 여유로운 마음으로 준비할 수 있다. 신혼이기에 가질 수 있는 특권이다. 최대한 빨리 끝내자. 빨리 시작하고 빨리 끝내는 것이지 이 순간의 즐거움을 버린다고 생각하지 말자. 다른 것들이 발목을 잡기 전에 해결해놓아야 삶의 과정이 순탄하다. 노후준비라는 큰 짐 하나를 내려놓으면 인생에서 훨씬 더 큰 행복을 만들어가는 지름길로 들어설 수 있다.

꿈같은 은퇴여행이나 잔디 깔린 전원주택은 아니더라도 노후 준비가 충분하다고 자신 있게 말할 수 있는 사람들은 별로 없을 것이다. 특히 베이비부머의 은퇴문제가 심각하게 대두되고 있는 현실에 비추어보면 적지 않은 인구가 심각한 노후문제에 직면해 있다고 볼 수 있다. 국내 베이비부머 10명 중 6~7명은 경제적 은퇴준비를 제대로 못하고 있다고 한다. 준비되지 않은 노후생활은 우리가 상상하는 그 이상의 고통을 수반한다. 만약 은퇴를 했다고 가정해보자. 그 순간부터 내 호주머니로 들어오는 돈은 '0'이고 나가는 돈만 존재한다. 은퇴 시점에 마침 자녀들이 문제없이 독립을 한 상황이라면 그나마 다행이다. 그렇지 않은 상황이라면, 아직 학교도 마치지 못한 상황이라면 매우 심각한 문제에 봉착하게 된다. 일에서의 은퇴를 포기해야 하는 상황이 벌어지고 마는 것이다.

한편 은퇴 전에 어느 정도 준비가 끝난 경우도 분명 있다. 이 경우를 살펴보면 한 가지 공통점을 찾을 수 있다. 바로 신혼 때부터 일찍 준비했다는 점이다. 은퇴준비에 성공한 사람의 대부분은 짧게는 3년, 길게는 10년 정도 돈을 모은 뒤 그 목돈을 꾸준히 불렸다. 신혼 초에 은퇴준비를 시작했을 경우와 그렇지 않은 경우는 확연한 차이를 보인다.

결혼 직후부터 3~5년까지를 은퇴준비의 가장 중요한 시점으로 보는 이유는 인생의 큰 틀을 튼튼하게 구축할 수 있는 처음이자 마지막 기회이기 때문이다. 앞서 설명했듯이, 돈은 시간과 불가분의 관계에 있다. 시간은 돈을 불리는 데 있어 가장 큰 기틀을 만들어준다. 긴 시간을 확보한다는 것은 바로 그 기틀이 튼튼하다는 것을 의미한다. 조금만 관심을 갖고 적은 돈으로라도 은퇴준비를 빨리 시작한다면 그 외의 재무적 리스크인 자녀교육비, 결혼비용, 주택마련 등과 같은 필요자금들이 훨씬 더 쉽게 풀려나갈 수 있다.

어느 누구도 실패하기 위해서 계획을 세우진 않는다. 하지만 대부분은 계획을 세우는 데 실패한다. 누구나 결혼하고 나면 인생계획을 세운다. 계획을 세우고 그 계획을 실천하기 위해 이런저런 방법을 사용해본다. 물론 실패도 한다. 하지만 더 큰 문제는 실천이 없으면 실패도 없다는 점이다. 그것이 더 무섭고 비참한 결과를 만들어낸다. 신혼 때 경험해보고 실천해야 하는 돈 관리 계획은 어렵거나 복잡하지 않다. 실천이 문제일 뿐이다.

돈을 모으는 방법도 계획을 세우는 데 있어 중요한 문제다. 자녀교육자금이 필요한 시기는 앞으로 16년, 대학자금이 필요한 시기는 20년, 주택마련자금이 필요한 시기는 앞으로 10년, 아이들

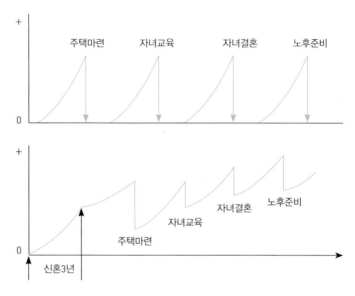

어떤 방법으로 돈을 모으겠는가?

결혼자금이 필요한 시기는 앞으로 30년, 노후를 보낼 수 있는 은퇴자금이 필요한 시기는 앞으로 35년 남았다고 한다면 어떻게 준비하겠는가? 두 가지 방법이 있다. 필요한 시기별로 최소한의 기간을 설정해서 그때부터 모으는 방법과 그 모든 금액을 지금부터 모아나가는 방법이다. 어떤 방식을 택하겠는가?

　필요한 자금이 생길 때마다 준비하는 방법과 처음부터 모든 것을 미리 준비해나가는 방법, 이 두 가지는 결과적으로 어마어마한 차이를 보인다. 특히 마지막 노후준비에서 큰 차이를 보인다. 주택마련이야 선택사항이 될 수도 있지만 자녀교육과 결혼은 그렇지 않다. 은퇴 후 30년 이상을 살아야 하는 세대인 만큼 그 자금의 규모는 실로 엄청나지 않은가? 한때는 40대 후반부터가 은퇴자금을 준비해야 하는 시기라고 했다. 목돈이라도 만들어놓으면 은행금리 정도로도 한 달 생활비가 나왔고, 은퇴해서 길어야 10~20년을 사니 그럴 만도 했다. 그런데 이제는 그런 상황이 아니다. 30년 이상을 더 살아야 한다. '쓰고 다시 모으고, 또 쓰고 또 다시 모으고' 하는 소비형 저축방법은 해결책이 아니다. 쓰고 다시 모으는 방법이 아니라 모아놓은 것에서 필요한 돈을 해결하는 자산증가형 저축방법을 선택해야 한다. 이 방법의 장점은 자산이 멈추지 않고 상승한다는 점이다.

자산증가형 저축방법은 결혼하고 나서 바로 시작하는 것이 가장 효과적이다. 신혼부터 최선을 다해 모은 돈이 은퇴 후 삶의 출발점을 결정해준다. 신혼 3년이 바로 이 출발점을 만들기 위한 최고의 시간이자 최선의 선택이다. 신혼의 단꿈에 꿈의 날개를 달아보자.

2장

신혼 3년
돈 관리와
목돈
만들기

한눈에 보는
돈 관리 장표

가계부를 쓰면 미래가 보인다

　예전에는 가정에 가계부 한 권쯤은 다 있었다. 요즘에는 가계부 어플을 사용하는 사람이 많다. 종이로 된 가계부든 어플 가계부든 연초가 되면 마음을 다잡기 위해 우리는 가계부 작성에 도전한다. 그러나 얼마 지나지 않아 포기하거나 아예 카드명세서를 가계부 용도로 대체한다. 지출이 너무 과하거나 남는 돈이 없으니 차라리 안 보고 말겠다고 생각하기 때문이다. 그렇게 하루이틀 쓰지 않다 보니 귀찮아져 금세 포기한다. 가계부를 왜 써야 하는지 그 이유를 몰라서라기보다는 너무 꼼꼼하게 쓰려고 하다가 지치는 것은 아닌가 싶다.

가계부를 쓰는 이유는 한 달 동안의 지출을 한눈에 보기 위해서다. 가계부를 통해 지출이 수입에 비해 적당한지 과한지를 알 수 있다. 보통 한 달 동안의 지출내역을 물어보면 항목과 금액을 자세히 알고 있는 경우가 많지 않다. 이러한 사실은 자신의 소비 형태를 잘 알지 못한다는 의미이기도 한다. 가계부는 이런 소비 형태를 쉽게 알 수 있게 해준다. 하지만 지출 내용만 파악하면 될 텐데, 너무 세세하게 적으려고 하다가 항목을 어떻게 구분할지 모른다면 그것도 문제일 수 있다.

_____월 1일 ~ _____월 31일

저축/투자/보험	의식주(생활비)	외식비/교통비/통신비
대출상환비용	각종 공과금	저축/투자/보험 의식주(생활비) 각종 공과금 외식비/교통비/통신비 대출상환비용

간단히 쓰는 가계부

콩나물과 돼지고기 한 근을 살 경우 보통 가계부에 콩나물과 돼지고기를 얼마에 샀는지 다 쓰려고 한다. 이렇게 쓰기보다는 그날 시장에서 쓴 내용을 대략적으로 분류에 맞게 써놓고 금액의 합계를 적으면 편하다. 저축인지 의식주인지 공과금인지 분류만 정확히 하면 된다.

이 방식은 매우 간단해서 비싸게 다이어리를 사서 쓰지 않아도 되고 복잡한 금융회사 가계부 다이어리처럼 얼마 쓰지 않고 멈추게 되는 일도 없다. 그냥 네모 칸만 몇 개 만들어놓으면 된다. 그리고 각각의 칸 맨 위에 대분류를 적는다. 세상에서 단 한 하나뿐인 자신만의 가계부다. 마지막 칸에 각각의 대분류 합계를 적으면 한 달 동안의 지출을 쉽게 볼 수 있다. 한 가지 주의할 점은 신용카드로 썼을 때다. 카드비 결제 시점으로 보지 않고 사용 시점으로 구분해야 한다. 그래야 그 기간 동안의 소비의 형태와 크기를 파악할 수 있기 때문이다. 또한 저축 칸의 금액이 커지는 순간이 많아지면 많아질수록 가계부 쓰는 일은 훨씬 재미있다.

가계부는 습관이다. 시작도 중요하지만 그것을 유지하는 습관이 더 중요하다. '세 살 버릇 여든 간다'고 한다. 가계부가 그렇다. 신혼 때부터 꾸준히 적는 버릇을 들여야 계속할 수 있다.

가계부는 합리적인 소비를 하게 해준다. 소비의 출발은 욕망이라고 한다. 그래서 이 욕망을 제대로 관리하지 못하면 비합리적인 소비를 하게 되고 결국 낭비가 된다. 낭비는 말 그대로 써서 흘려버리는 것이다. 합리적인 소비는 합당한 이유가 있고 그 크기를 조절할 수 있지만 낭비는 합당한 이유가 없는 극한의 욕망 충족이다. 자신이 합리적인 소비를 하고 있는지 낭비를 하고 있는지를 점검해볼 필요가 있다. 또한 낭비를 합리적인 소비라고 생각하고 있지는 않은지 되짚어봐야 한다.

저축은 미래의 소비를 위해서 돈을 쓰지 않는 것을 의미한다. 저축을 잘하는 사람은 낭비를 하기 위해서 저축하지 않는다. 저축은 절대로 낭비를 위한 준비가 될 수 없기 때문이다. 그런데 소비하고 남은 돈을 모으는 것을 저축이라 생각하면 안 된다. 저축은 철저한 계획이 있어야 하고 그 계획에 맞게 최우선되어야 한다. 가끔 이런 질문을 받는다.

"가계부를 통해서 얻을 수 있는 것이 뭔가요?"

가계부를 적지만 그저 지출 내용을 적어놓는 용돈 기록장 같다는 생각이 든다고 한다. 통장을 관리하는 것도 아니고 지출을 관리하는 것도 아니어서 혼돈이 온 것이다. 가계부를 통해서 얻을

본인과 배우자의 소득을 기입. 만약 추가로
기타소득(이자,배당,임대등)이 있으면 기입

금리상품(예,적금)과 같은 확정된
이율을 가지는 단기 저축상품

단위: 천원

수입			지출		
본인	근로소득	4,300	저축	적금	1,000
배우자	근로소득	2,500	투자	적립식펀드	200
주식, 채권, 펀드와 같은 투자상품			보험	보장성보험	320
				연금보험	250
생명보험, 손해보험에 가입된 현황을 기입			고정	생활비	2,700
				교육비	1,000
				대출상담	720
소비지출 중 매달 고정적으로 지출되는 항목을 지정하여 기입			변동	외식비	350
				통신비	160
				기타	100
수입계		6,800	지출계		6,800

매달 지출을 조절할 수 있는 항목을 지정하여 기입

현금흐름표

수 있는 장점을 잘 모르기 때문이다.

가계부는 한 달이라는 일정기간 동안 발생한 돈의 수입과 지출
을 한눈에 보게 해준다. 이 가계부를 정리해서 내용을 부문별로 정
리한 장표가 바로 '현금흐름표'다. 현금흐름표는 재무설계에서 가
장 중요하게 생각되는 것으로 '유량계'와 비교해 이해할 수 있다.

유량계는 흘러가는 액체의 양을 알아내는 기계다. 주유할 때 자동차에 들어가는 기름의 양을 알려주는 계기판을 생각하면 된다. 또 집에 있는 수도계량기에 달려 있는 유량계로 수돗물의 사용량을 알 수 있다. 마찬가지로 돈이 얼마나 들어오고 나가는지를 일정한 기간 동안 모아서 알 수 있도록 해주는 것이 현금흐름표다. 현금흐름표를 보면 그 양뿐 아니라 어디에서 들어왔는지 어디로 나가는지 세부적으로 파악할 수도 있다. 현금흐름표를 작성하면 한 달 혹은 1년 동안의 현금흐름을 한눈에 파악할 수 있고 소비 중에서 낭비하고 있는 부분은 없는지 알 수 있다.

현금흐름표를 보면 수입과 지출의 현황을 한눈에 알 수 있다. 줄일 수 있는 지출도 쉽게 찾아낼 수 있고 저축의 비중도 바로 보인다. 그리고 예산 수립에 결정적인 자료를 제공해준다. 다음 달 가계부에 어느 부분을 뺄 건지 더할 건지를 미리 알 수 있게 해준다. 현명한 저축을 하기 위한 장표로 이만한 것이 없다. '지피지기 백전백승'이라고 했다. 모든 일에 있어 현재 자신의 상태를 파악하는 것이 첫 번째 일이다. 현금흐름표는 효율적으로 자신의 돈을 불려나가는 데 있어 반드시 알아야 할 소중한 정보를 품고 있는 재무장표다.

재무상태표는 체중계다

"어! 몸무게가 일주일 전보다 더 늘었네?"

"요즘 운동도 안 하고 매일 술을 마시니 당연히 늘죠."

"어쩐지 몸이 좀 힘들더라구. 내일 새벽부터 다시 운동해야겠다."

이 세상에 체중계가 없다면 우리는 자신의 몸 상태를 쉽게 알수 없을 것이다. 체중계는 올라서는 순간의 몸무게를 알 수 있게해준다. 자신의 현재 상태를 인지할 수 있도록 해준다는 것이 핵심이다. 만약 몸무게가 평소보다 갑자기 너무 줄면 어디 아픈 곳이 없는지 살펴보게 만들고 너무 많이 나가면 살을 빼야 한다는방향성을 갖게 해준다. 현재 상태를 알게 됐으니 이제부터 어떻게할지를 결정하면 된다. 살을 빼야 한다면 운동을 할 것인지 아니면 식단조절을 할 것인지를 선택하면 된다.

체중계의 용도와 마찬가지로 자신의 현재 자산 상태를 쉽게 파악할 수 있도록 해주는 것이 바로 '재무상태표'다. 자산의 현재 상태를 파악할 수 있게 해주고, 그 상태에서 어떻게 자산을 조정해야 하는지 그리고 조정한 이후 미래의 자산 상태는 어떻게 변할지예측할 수 있게 해준다.

예를 들어 현재 자신이 살고 있는 집이 시가 3억 원이고, 은행에예금한 돈이 1,000만 원, 적립식펀드에 넣은 금액을 현재시점으

즉시 현금화할 수 있는 자산(예,적금 등)

담보대출, 신용대출, 빌린 돈, 신용카드 할부잔액 등과 같이 돌려줘야 하는 돈이나 갚아야 하는 돈

주식, 채권, 펀드, 부동산, 현물과 같은 수익에 목적을 둔 유·무형의 자산

현재 사용하고 있는 자산으로 부동산, 동산을 포함

단위: 천원

총자산			부채와 순자산		
현금자산	예금	10,000	부채	담보대출	100,000
				차량할부잔액	4,000
투자자산	적립식펀드	15,000	순자산		235,000
사용자산	아파트	300,000			
	자동차	14,000			
기타 자산					
총자산		339,000	부채와 순자산 계		339,000

빌려준 돈이나 골프회원권, 헬스클럽회원권과 같은 자산

총자산에서 부채를 제외한 자산

재무상태표

로 평가해보니 1,500만 원이다. 자동차는 3년 전 2,000만 원에 구입했고, 아파트 담보대출로 1억 원이 있다. 자신의 현재의 재무상태는 어떻게 될까?

자동차는 2,000만 원에 구입했지만 매년 감가율을 적용해서 현재의 중고차 가격으로 평가하고 현재 남아 있는 할부잔액은 부채가 된다.

단위: 천원

총자산				5년 뒤 평가금액
현금자산	예금	10,000	2.0%	11,000
투자자산	적립식펀드	15,000	6.0%	20,000
사용자산	아파트	300,000	3.0%	348,000
	자동차	14,000	−10.%	8,200
기타 자산				
총자산		339,000		387,200

* 적립식펀드는 현재까지 투자한 금액만으로 예측한다고 가정, 각 항목 세전수익률로 평가
한다고 가정

현재의 재무상태표로 본 미래의 자산 변화

총자산을 평가해보니 3억 3,900만 원이다. 부채는 자동차 할부
잔액을 포함해서 1억 400만 원이 된다. 총자산에서 부채를 제외
한 순자산은 2억 3,500만 원이다. 중요한 것은 바로 이 순자산이
다. 부채를 제외한 순자산이 현재 자산의 건전성을 나타내주기 때
문이다. 자산이 아무리 많다고 해도 만약 부채가 너무 큰 상태라
면 기형적이고 불건전한 자산 상태라 할 수 있다.

재무상태표를 보면 미래의 자산 변화도 알 수 있다. 각 자산에
맞는 수익률을 적용해서 미래의 자산 변화를 예측해볼 수 있다.

위의 예시처럼 지금 현재 상태로 자산이 변화한다면 5년 뒤 총자산은 4,820만 원이 증가한 3억 8,720만 원이 된다. 만약 5년 뒤 써야 하는 목적자금이 있다고 한다면 그 목적자금이 현재의 자산 포트폴리오로 가능할지 불가능할지를 판단하고 부족하다면 어떻게 해야 할지를 결정할 수 있다.

재무상태표와 현금흐름표는 상호연관성이 있다. 현금흐름을 변화시켜 재무상태를 효율적으로 관리할 수 있고, 재무상태를 조정해서 현금흐름을 변화시킬 수 있다. 따라서 이 두 가지를 효율적으로 이용하면 돈 관리를 효과적으로 할 수 있다.

예를 들어, 부채 항목의 담보대출이 5퍼센트의 대출이자로 30

단위: 천원

총자산				5년 뒤 평가금액
현금자산	예금	6,000	2.0%	11,000
투자자산	적립식펀드	15,000	6.0%	20,000
	적립식펀드	−	5.0%	20,400
사용자산	아파트	300,000	3.0%	348,000
	자동차	14,000	−10.%	8,200
기타 자산				
총자산		335,000		403,200

변화를 준 미래의 자산 변화

년을 원리금균등분할로 상환 중이라고 하자. 매월 상환액은 52만 원이다. 만약 이것을 3퍼센트의 원리금균등분할 상환으로 변경시킨다면 매월 상환금액은 42만 원 정도가 되어 10만 원의 여유자금이 생겨 현금흐름이 변화된다. 또한 자동차할부잔액이 7퍼센트의 대출금리로 5년간 매월 20만 원씩 상환 중이고 앞으로 24개월이 남아 있다. 이 경우 대출잔액을 예금으로 미리 상환해버리면 20만 원의 여유자금이 추가로 발생해서 총 30만 원의 여유자금이 발생하여 현금흐름을 원활하게 한다. 그 30만 원을 적정한 수익률의 금융상품에 투자한다면 5년 뒤 재무상황의 변화는 지금 예측한 것보다 훨씬 나아질 것이다.

자동차 할부잔액의 부채를 상환하면서 총자산은 400만 원이 줄었지만 현금흐름을 변경해서 30만 원의 자금을 투자한다면, 5년 뒤 자산 상태는 변경 이전의 3억 8,720만 원보다 무려 1,600만 원이 많은 4억 320만 원이 된다.

이처럼 재무상황에 변화를 주면 현금흐름을 변화시킬 수 있고 현금흐름이 좋아지면 재무상태를 효율적으로 관리할 수 있다. 재무상태표와 현금흐름표를 효율적으로 이용하면 효과적인 돈 관리를 통해 자산증식을 할 수 있다.

돈, 관리하고
통제하라

돈 관리는 통제에서 시작한다

어려서부터 굳어진 지출 습관은 쉽게 바뀌지 않는다. 특히 결혼 후 부부 갈등의 대부분은 돈 쓰는 습관 때문에 일어난다. 결국 주도적으로 돈 관리를 하는 쪽의 입장이 우세해지고 그때부터 통제가 시작된다.

"아내가 정말 지독한 구두쇠야. 난 용돈도 없어. 필요할 때 말하라고 해놓고 돈 좀 달라고 하면 '어디에 쓸 거냐, 왜 그렇게 많이 필요하냐'면서 꼬치꼬치 캐물어 정말 피곤해."

친구들 사이에서 결혼하고 나더니 변했다는 말을 듣는 친구 이야기다. 같이 식사라도 하면 다 먹고 나갈 때 신발 끈을 묶고 있거나 통화를 하고 있어서 우스갯소리로 '딴친이'라고 부르기까지 했다. 돈 계산할 때 사라지거나 딴짓을 하니 그렇게 부르게 된 것이다. 결혼 전에는 친구들과 어울려 다니기 좋아하고 무엇이 되었든 앞장서서 이끌던 친구였다. 물론 그만큼 돈도 많이 썼다. 그런데 결혼하고 나서 아내와 금전 문제로 몇 번 마찰이 있더니 그 이후에 친구들을 만나는 횟수도 눈에 띄게 줄고 특별한 일이 아니면 지갑을 열지 않기 시작했다.

나중에 그 친구의 이야기를 들어보니 결혼 직후 맞벌이를 하면서 생활비만 공동으로 반반씩 모아 관리해왔고 생활비 외에는 알아서 모으거나 썼다고 한다. 그런데 시간이 지나 알게 된 사실은 아내가 단 한 푼도 안 쓰고 전부 돈을 모아두고 있었다는 것이다. 그것도 목적이 분명하게 정리가 된 통장으로 구분해서 관리하고 있는 모습에 자신도 어쩔 수 없이 모든 돈을 아내에게 맡길 수밖에 없었다고 한다.

"'예쁜 우리 아이를 위한 통장', '내년에는 꼭 부모님 여행 보내드리는 통장', '아름다운 우리의 보금자리를 위한 통장'…… 통장에 이렇게 써있는데 집사람이 우러러 보이더라고."

이후 '딴친이'가 되어버린 친구지만 친구들 중에 가장 먼저 집을 샀고 지금은 제일 많은 자산을 가지고 있다.

재미있는 것은 그 친구의 아내가 돈을 관리하는 방법이었다. 말이 관리지 그건 100퍼센트 돈을 통제하는 것이었다. 반드시 써야할 돈 외에는 손을 대지 않았고, 남은 돈은 철저하게 통장에 넣어놓고 절대 꺼내지 않았다. 모든 지출은 반드시 이유가 있었고, 이유가 분명치 않은 돈을 낭비하지 않았다.

줄이고 줄이니 정말 남는다

"아무리 줄여도 남는 돈이 없어요."

요즘 대다수가 느끼는 감정이 아마 그럴 것이다. 씀씀이를 줄여도 도통 통장에 남는 돈이 없다. 통장에 급여가 들어오기 무섭게 이체되었다는 소리가 스마트폰에서 계속 울린다. 그날 바로 들어오고 나가는 게 동시에 이루어진다. 열심히 일하고 한 달을 기다려 받는 품삯치고 너무 쉽게 나가버린다. 그래도 줄이고 또 줄이려고 노력한다.

몽당연필 사용법을 알고 있는가? 지금의 40, 50대는 어릴 적 몽당연필을 다 쓴 볼펜대에 끼워서 사용하곤 했다. 선생님이 몽당연필을 사용하는지 안 하는지 확인까지 했다. 그만큼 절약하라는 의도였다. 이제는 그런 몽당연필을 사용하는 사람을 보기 어렵다.

웬만큼 사용하면 그냥 버리고, 아예 연필 대신 샤프펜슬을 사용하다 보니 그 모습을 보기 어려운 게 당연하기도 하다. 예전에는 그만큼 절약이 당연시되었고 그런 상황이 부끄럽거나 어색하지 않았다. 그러나 요즘은 통장에 남는 돈이 없을지라도 몽당연필과 같은 재활용은 하지 않는다. 자신뿐 아니라 아이에게도 그런 것을 원하지 않는다.

"아들, 이건 더 쓸 수 있는데 왜 버려?"

"그걸 요즘 누가 써요. 옛날에나 썼던 거죠."

"아빠가 보기엔 더 쓸 수 있는데."

"그냥 버리세요. 요즘 나온 걸로 새로 사죠, 뭐."

절약은 사소한 것부터 시작된다. 전기 콘센트에서 플러그 하나 빼면 그만큼 비용이 준다. 귀찮다고, 그게 뭐 대수라고 하는 것부터 절약이 이루어진다. 그렇게 줄이고 줄인 돈이라면 그만큼의 가치를 지니게 된다. 이런 돈을 '홀라당' 써버릴 위인은 없다. 사소한 데서부터 절약하는 습관이 잡혀 있다면 일단 저축을 잘할 수 있는 기본은 갖춰져 있다고 볼 수 있다.

지금이 바로 그때다. 이제 막 결혼하고 새로운 습관을 만들기 쉬울 때다. 그런 습관을 들이기 쉬울 뿐만 아니라 서로에게 사소한 구속을 해도 웃으며 할 수 있는 때다. 주변을 살펴보면 수없이 많은 절약 가능한 도구들이 널려 있다. 그 모든 것에 태그라도 붙여서 아껴 쓰고, 적게 쓰고, 오래 쓴다면 그 모든 절약이 모이고 모여서 어느 한 순간 큰돈이 되어 다시 돌아온다.

자칭 '짠돌이'라고 부르며 블로그를 운영하는 사람들을 보면 정말 신기할 정도로 많은 것을 절약하며 살고 있다. 그중 한 가지 눈에 들어오는 것이 있는데 바로 교통비. 걷기에는 좀 멀게 느껴지고 대중교통을 이용하기에는 몇 정거장 되지 않는 곳을 매일 다니는데 그 교통비를 줄여보겠다고 걸어서 다닌다. 과연 얼마나 경비를 줄일 수 있을까? 하루에 왕복 2,000원의 교통비를 줄이면 30일이면 무려 6만 원을 줄일 수 있다. 이것을 습관적으로 한다면 매달 저축할 자금이 생기는 것이다. 이 금액을 연 7퍼센트 수익률의 금융상품에 10년을 투자하면 얼마가 될까? 원금은 720만 원이고 적립된 돈은 무려 1,060만 원이나 된다. 원금도 생각보다 많은 돈이고 그것을 투자해서 수익을 낸다면 금상첨화가 아닐까?

어떻게 여유자금을 만들 수 있겠느냐고 하면 사람들 대부분이 소비를 줄이는 방법을 말한다. 수입을 늘리는 방법도 있고 대출을 조정하는 방법도 있다. 그런데 소비를 줄이는 방법을 가장 많이 선택한다. 그 방법이 훨씬 다양하고 실천하기 쉽기 때문이다. 대중교통을 이용하면 여유자금이 생긴다. '술과 담배'를 줄이면 여유자금이 생긴다. 여름엔 에어컨보다 '선풍기'를 틀면 여유자금이 생긴다. 정말 쉽지 않은가?

'티끌 모아 태산'이라고 하고, '물방울이 모여 바다를 만든다'고 한다. 이 말 속에는 기나긴 시간의 존재도 느껴진다. 모으고 또 모으면 오랜 시간이 흘러 큰 산이 되고 바다도 된다는 말이다. 돈에 대한 설명으로 이처럼 적절한 말이 없다. 그런데 우리는 어릴 때부터 듣던 그 말을 잊고 사는 건 아닐까? '눈만 뜨면 프리미엄이 몇 천만 원이 올랐네', '어린 나이에 주식으로 어마어마한 자산가가 되었네', '로또 맞았네' 등등 한 번에 뭔가 이루어진 듯한 이야기가 홍수처럼 주변을 맴돌고 있다. 상황이 그러하니 마음속에 열심히 모아서 언젠가는 큰돈을 만들어야지 하는 생각은 이미 접어버린 지 오래다. 시간을 기다리기에는 인내심이 부족하고 작은 돈이 보이면 성이 차지 않는다. 그래서 한 번에 큰돈을 만질 수 있다는 정보에 기웃거린다. 쉽게 많은 것을 얻고자 하는 마음은 어쩔 수 없다고 치지만 결코 그렇게 되는 경우는 없다.

돈을 모으는 것은 옛말을 따르는 게 가장 좋은 방법이다. 조금씩 오랜 기간을 모으다 보면 반드시 그 결과에 탄복을 하고 자신의 성과에 칭찬을 할 수 있다. 그런데 여기서 돈에 대해 반드시 알아야 할 속성이 있다. 물 한 방울 없는 사막 한가운데 낙오된 어떤 사람이 목숨 걸고 절실하게 찾는 건 마실 물이다. 그때 보이는 황

금덩어리 하나가 그 사람에게 과연 어떤 의미가 있겠는가? 그것이 바로 가치다. 그 사람에게 금덩어리는 무거운 돌 이상의 가치를 가지고 있지 않는다. 돈은 가장 필요한 시점에 그 자리에 있어야 한다. 인생을 살아가면서 예상하지 못하는 순간에 갑자기 필요한 돈은 그리 많지 않다. 우리는 예상이 가능한 비용들을 어느 정도 알고 있고, 그 비용들의 시간적인 배열을 이미 알고 있다. 안타까운 것은 그러면서도 그 자리에 도달했을 때 충분히 준비하지 못해서 스스로를 자책하는 사람이 너무 많다는 점이다.

돈은 필요한 시점에 최소한 그 필요한 금액만큼은 반드시 존재해야 한다. 예를 들어 자녀 결혼자금만 보더라도 쉽게 이해할 수 있다. 자녀가 독립하는 데 1억 원 정도 지원해주고자 한다면 미리 준비하지 않으면 쉽지 않은 금액이다. 적지 않은 금액이기에 아이가 태어났을 때부터 준비를 하는 마음가짐이 필요하다. 조금씩 모으더라도 최소 30년을 준비할 수 있으니 충분히 가능한 이야기다.

나무를 키우듯
목돈을 만들어라

목돈 만들기는 묘목 키우기다

나무에서 열매를 얻기 위해서는 제일 먼저 묘목을 심어야 한다. 그 묘목은 특정한 열매가 잘 열릴 수 있도록 최적화된 어린 나무다. 품종이 확실해야 하고, 병해충이 기생하지 말아야 하며, 잔뿌리가 많아 충분히 수분을 지니고 있는 충실한 것이어야 한다. 최고 품질의 값비싼 열매를 맺기 위해서는 좋은 묘목을 심어야 한다. 이 묘목을 만들어내는 방법은 다양하다. 종자를 키워서 만들 수도 있고 접목해서 만들 수도 있다. 자연적으로 자라는 나무와는 다르게 그 목적에 따라 키우는 방법도 다르고 토양도 달리한다.

돈을 모으는 것도 마찬가지다. 자산을 불리려면 반드시 묘목의 역할을 하는 돈이 있어야 한다. 건강한 묘목을 만들어내는 것과 마찬가지로 목돈을 통해 자산을 불리는 것이 가장 효율적이다. 그래서 돈 모으기가 필요한데, 이 돈 모으기가 쉽지 않다.

어릴 적 저금통에 대한 기억을 하나둘 가지고 있을 것이다. 특히 미처 채우지 못한 플라스틱 돼지저금통 바닥을 몰래 칼로 찢어서 동전 한두 개씩 빼내던 기억은 누구나 공감하는 추억이다. 용돈을 모아 연말에 무엇인가를 꼭 사야겠다는 마음보다 순간의 유혹으로 돼지 배를 갈라야 했던, 결국 연말에는 바닥에 동전만 몇개 깔린 돼지저금통을 쳐다보며 후회하던 그 모습이 지금도 반복되고 있지 않은지 고민해보자.

돈을 모으는 데 발생하는 걸림돌은 수없이 많은 이유를 가지고 있다. 목돈을 만들어보겠다고 열심히 저축해서 두 달 뒤면 만기인데, 갑자기 동생이 사업을 하겠다고 돈을 빌려달라고 한다. 어쩔 수 없이 두 눈 질끈 감고 해약하고 줘버린다. 돈보다는 내 가족이 먼저라는 생각이다. 틀린 얘기는 아니다. 이번 달부터 펀드에 가입하고 돈을 모아보겠다고 다짐한다. 동기모임에 나갔는데 해외여행 한 번 가자고 의견이 모아진다. 돈은 없지만 분위기상 어쩔 수 없이 그 의견에 동의한다. 그리고 카드로 결제한다. 슬프지만 한동안 펀드에 가입하는 건 어렵다.

우리는 돈을 모으기 위해 많은 도전을 하기도 하지만 어쩔 수 없다는 이유로 중간에 포기하거나 실패하는 경험도 수없이 많이 한다. 하지만 돈 모으는 방법은 생각보다 간단하다. 무조건 모으기만 하면 된다.

한 집안의 장녀로 자신의 일보다는 집안의 모든 대소사를 우선해서 감당하고 살던 여자후배가 있다. 공무원이라는 안정적인 직업을 갖고 있기에 가족의 짐을 떠안고 있었는지도 모르겠다. 그런 이유로 결혼도 늦어 30대 후반이 되어서야 하게 되었다. 남편도 역시 공무원, 그리고 우연인지 필연인지 그 후배와 닮은 삶을 살아왔던 집안의 효자였다. 그러다 보니 둘 다 무일푼으로 신혼살림을 시작하게 되었다. 지금까지 살아온 것처럼은 절대 살지 않겠다고 둘은 결심했다. 전세대출을 받아서 마련한 아파트. 전세 기한이 끝나기 전에 꼭 빚을 갚겠다며 월급의 60퍼센트 가까이 적금에 가입했다. 그리고 결국 2년 만에 1억 가까이 돈을 모아 대출금을 다 갚았다.

이 부부는 늦게 만났을 뿐만 아니라 힘들게 살아온 삶에 대한 보상을 받고 싶었을 것이다. 그동안 유혹이 얼마나 많았을까? 남들처럼 좋은 차, 분위기 있는 외식, 서로를 위한 선물을 원하지 않았을리 만무하다. 하지만 그 모든 유혹을 뿌리쳤다. 목표가 분명하고 그 목표를 위한 방법도 단순했다. 무조건 모았다. 돈을 모으는 특별한 방법이 아니라 일단 목표를 가지고 무조건 저축을 하면서 나머지를 아껴서 지출했다.

'목돈 만들기'는 단순한 방법을 선택하면 된다. '목돈 불리기'처럼 여러 가지 방법을 고민할 필요도 없다. 가장 좋은 방법을 선택하려고 어리석은 고민을 하는 대신, 현명한 척하느라 어려운 상품을 선택하는 오류를 범하는 대신, 무조건 모으는 것이 가장 좋은 방법이다.

누군가를 사랑하는 방법을 배우기 위해선 자기 자신을 사랑하는 방법부터 배워야 한다. 자신의 소중함을 깨우치면 다른 사람의 소중함도 쉽게 깨우칠 수 있다. '목돈 만들기'는 자신을 사랑하는 방법이다. 자신의 삶과 가족을 사랑하기 위해 시작하는 첫 번째 단계이자 소중한 인생의 출발점이 된다.

어떤 나무가 좋을까?

결혼 전에는 여행을 좋아해서 휴가철마다 다녔는데 결혼하고 나서는 아기도 있고 부모님도 계셔서 여행 다니는 것이 쉽지 않았다. 그런데 직장후배는 1년에 두 번씩은 꼭 여행을 가는 것이다.

"여행 가는 걸 둘 다 참 좋아하나 봐?"

"네, 맞아요. 연애시절부터 여행을 많이 다녔고, 결혼하고 나서도 1년에 두 번은 꼭 여행을 가자고 약속했어요. 격년으로 해외로 여행 가기로 했어요."

"그래? 비용도 만만치 않을 텐데 어떻게 해결하는데?"

"저희는 여행통장을 따로 만들었어요. 아직은 둘 다 맞벌이 하고 있으니까 하루에 5,000원 꼴로 각자 그 통장에 저금하기로 했죠. 합쳐서 하루에 1만 원, 1년이면 365만 원이 되거든요. 물론 갑자기 경조비가 많이 나가야 할 때는 서로 합의해서 금액을 조절해요. 이렇게 해서 여행할 자금을 확보했죠. 매번 그 돈을 다 쓰는 것도 아니니 절약해서 쓰면 그다음 해에도 여행을 다녀올 수 있었어요."

어떤 나무는 매년 열매를 맺는다. 우리가 흔히 알고 있는 과실나무가 그렇다. 감나무, 사과나무 등 매년 열매를 따서 먹어야 하는 나무라면 열심히 거름을 주면서 키우고 열매가 나면 따서 먹거나 판매하면 된다. 여행통장과 같이 매년 작은 돈이라도 모아서 쓰려고 하는 목적이 분명하다면 적절한 수익률로 모으면 된다. 하지만 이런 과실나무 같은 것만 있는 것은 아니다. 자라는 방식이 일반적이지 않은 경우도 있다. 그중 하나가 대나무다.

대나무는 커가는 방식이 매우 독특하다. 씨앗을 뿌리고 4~5년까지는 땅 위에서 아무런 변화가 일어나지 않는다. 그런데 꾸준히 물과 거름을 주면서 기다리면 5년 정도 되었을 때 갑자기 엄청난

속도로 자란다. 한 달 만에 30미터까지 성장하는 대나무도 있다고 한다. 돈 관리도 이런 대나무와 같은 방식이 필요하다. 지금 당장 필요하지 않은 자금, 예를 든다면 자녀 대학자금이나 노후자금 등과 같은 자금들은 기간과 수익률 모두를 고려해야 한다. 20, 30년 후에 사용할 자금이므로 물가상승 이상의 수익이 나야 하고 긴 시간을 통한 복리 효과도 누려야 하기 때문이다. 일정한 시간 튼실한 뿌리를 내려 충실한 역할을 할 체력이 되려면 그만큼의 노력과 환경 조건이 필요한 것과 마찬가지다.

목표하는 열매를 얻기 위해 어떤 나무를 선택해야 하는지는 누구나 알고 있다. 사과를 얻으려면 사과나무를 심어야 하고 복숭아를 얻으려면 복숭아나무를 심어야 한다. 사과를 얻기 위해 사과나무가 아닌 대나무를 심는 오류를 범하지 말아야 한다. 당연한 이치다. 그런데 우리 주변에서 이런 이치를 무시하는 경우를 자주 본다. 대나무를 키우기 위해 몇 년 동안 노력하고 대나무가 자라지 않는다고 사과를 원하는 그런 어처구니없는 경우가 의외로 흔하다. 10년을 투자해서 목돈을 만들어 20년을 불려서 노후자금으로 활용하기로 하고 5년도 채 지나지 않아서 그 돈으로 자동차를 구입해버린다. 나름 이유가 있겠지만 바람직하지 않다는 것은 자명하다.

결국 나무를 심어서 얻으려고 하는 것이 무엇인지, 언제 그것을 얻고자 하는지, 즉 목적하는 시점과 사용처가 분명해야 한다. 목돈의 목적과 투자 기간을 고려해서 선택을 한다면 어렵게 노력해서 만들어가고 있는 길을 망쳐버리는 실수는 하지 않을 수 있기 때문이다.

좋은 열매는 튼튼한 나무에서 나온다

나무를 키우기 위한 묘목은 충실하지 않으면 그 역할을 다하지 못한다. 목적하는 열매를 위해서는 그에 맞는 묘목을 만들어내야 하고, 그러기 위해서는 토양도 서로 다르게, 퇴비도 다른 것을 써서 키워야 한다. 정성을 들여 조건에 맞게 잘 키워낸 묘목은 그 역할을 충분히 해낸다. 하지만 그렇지 못한 묘목은 병충해에 약하고 뿌리가 깊지 못하다. 마찬가지로 목돈도 충실한 목돈이어야 한다. 크기도 중요하고 뿌리도 중요하다.

목돈은 자산증가에 가속도를 붙이는 중요한 역할을 한다. 같은 시간과 수익률을 가지고 있다면 당연히 목돈의 크기에 따라 만들어지는 크기가 달라진다. 1,000만 원의 목돈에 수익률이 10퍼센트라면 100만 원의 수익이 발생하지만, 1억 원의 10퍼센트라면 1,000만 원의 수익이 발생한다. 그렇다고 가지고 있지도 않는 1억 원이 하늘에서 떨어지지 않는 한 바로 1억 원이 생기게 할 수는 없는 노릇 아닌가? 결국 재테크에서의 목돈은 일단 무조건 만들어야 한다.

그럼 목돈으로 무엇을 할 것인가? 과일나무를 심을 때 그 나무에서 무슨 과일을 수확할지 결정하고 심지 아무 생각 없이 무슨 나무인지도 모르고 심지는 않는다. 얻고 싶은 과일을 키우는 나무를 심는 것처럼 목돈도 목적을 분명하게 정하고 돈을 모아야 한다. 그래야 그 나무에서 얼마만큼의 열매를 얻을 수 있을지 알 수 있다. 그러기 위해서는 몇 그루의 묘목을 심어야 하는지 결정해야 한다. 목돈의 크기를 결정하고, 목표를 설정하는 것과 같은 원리다. 10그루의 묘목에 줄 만큼의 거름으로 100그루를 가꿀 수는 없다. 당연히 100그루에 맞는 거름을 주어야 한다. 그다음 그 종류에 알맞은 적절한 바람과 햇빛 그리고 물이 있어야 한다. 목적이 분명해야 크기와 양도 결정할 수 있고, 그에 맞는 방안도 나온다. 그래야 좋은 열매를 맺는 튼튼한 나무가 만들어진다.

부실한 묘목이라고 해서 열매가 없는 건 아니지만 오랜 기간 매년 열매를 얻을 수 있게 해줄지 혹은 그 맛이 충분할지는 알 수 없다. 마찬가지로 목돈도 목표가 분명하고 그 목표한 금액을 다 모았을 때 분명 튼튼한 묘목으로서 역할을 다할 수 있다. 하지만 목표한 금액에 도달하지 않았다면 자신이 원하는 열매를 충분히 얻지 못한다. 예를 들어 5,000만 원이라는 목표를 가지고 목돈 모으기를 했는데 결국 4,000만 원이 모였고, 그것으로 만족하게 되면 5,000만 원으로 목돈을 불릴 때와 4,000만 원으로 목돈 불리기를 했을 때의 결과는 상당한 차이를 가져온다. 다음 표를 보면 그 차이를 확실하게 알 수 있다.

단위: 원

	원금	20년 뒤 자산	연금액	매월평균	30년간 총연금액
5,000만원	50,000,000	93,484,223	14,572,147	1,214,346	437,164,421
4,000만원	40,000,000	54,787,378	11,657,718	971,476	349,731,537
원금차액	10,000,000	8,696,845	2,914,429	242,869	87,432,884

* 은퇴 전후 수익률 7%, 20년 뒤 매년 연금으로 30년간 수령한다고 가정

단위: 천원

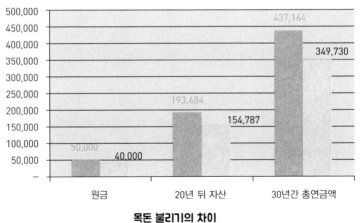

목돈 불리기의 차이

원금 1,000만 원이란 차이로 결국 은퇴 후에 수령하게 되는 총 연금액에서 무려 8,700만 원의 차이가 발생한다.

목돈이 크다고 해서 반드시 튼튼하다고 할 수는 없지만 목표보다 금액이 적었을 때는 미래의 목적자금을 만드는 데 부족자금이 생길 수 있으므로 부실하다고 할 수밖에 없다. 어쩔 수 없이 부족자금이 발생하면 돈이라도 빌려서 해결해야 한다. 재테크에서 걸림돌이 되는 것이 바로 빌리는 돈이다. 내 돈을 불리는 이자보다 빌린 돈의 이자가 더 크다면, 좋은 열매를 맺기 위한 튼튼한 나무가 되기 어렵다는 건 당연한 이치다.

튼튼한 묘목을 만들기 위해서 다양한 조건들이 필요하다. 거름도 있어야 하고 햇빛, 바람 그리고 필요한 만큼의 비도 내려야 한다. 마찬가지로 목돈을 만들기 위한 조건도 있다. 꾸준히 넣을 수 있는 투자자금을 만들어야 하고 그 크기를 일정기간 동안 불려줄 적절한 수익률이 있어야 한다. 그래야만 목표한 만큼의 목돈을 만들 수 있다. 또 한 가지는 의지와 정성이다. 반드시 그 목적에 쓸수 있도록 인내하고 정성을 들여 잘 관리해야 한다. 이미 정해진 시점이 있으니 그 시점에 반드시 쓰여야 한다. 그러기 위해서 흔들리지 않는 마음가짐이 반드시 필요하다.

목돈에
생명을 불어넣어라

돈 모으기와 돈 불리기는 다르다

  돈을 모아서 출발하는 경우와 돈을 분할해서 모아 불려나가는 속도와 방향은 상당히 다르다. 반드시 목돈을 마련해서 재테크를 시작하자는 말이 아니다. 일정한 수입을 현실에 맞게 나누어 목적에 따라 분할투자할 것은 분할투자하고 목돈을 투자할 것은 목돈을 투자하는 분산이 필요하다는 말이다.

  그 이유는 인생의 수입과 지출에 대한 기본 이론인 '생애주기가설'에서 찾을 수 있다. 이 이론은 노벨경제학상을 수상한 프랑코 모딜리아니(Franco Modigliani)가 세운 가설이다. 라이프사이클 가

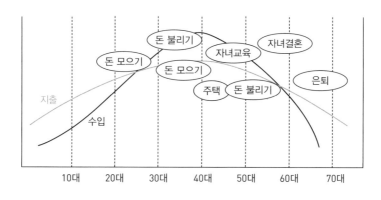

연령대별 돈 관리 유형과 필요자금

설이라고도 하는데 노동소득이 증가하는 청장년기에 소비를 억제하여 자산을 축적하고 노년기에 소득이 감소하게 되면 축적한 자산을 소비하면서 그 소비 수준을 유지한다는 가설이다.

　결국 돈을 모을 수 있는 시점을 최대한 활용해야 하는데, 이때 목적자금의 크기와 시간배열에 따라 각각 다르게 돈 모으기와 돈 불리기 방식을 선택해야 한다. 돈을 모으면서 그때그때 필요자금을 해결해야 하는 경우와 미리 돈을 모아서 그 돈을 불려 해결하는 경우, 즉 종잣돈을 만들어 그 돈을 불리는 방법으로 구분해서 선택해야 한다. 일정한 수입에서 발생하는 소비와의 차액, 즉 여유자금을 재무목표(은퇴, 교육비, 결혼비, 주택마련 등)에 맞게 배분하고 시간적인 배열을 달리해야 하는 것이다. 목적자금을 만드는 무게중심을 잡아야 한다는 의미로 생각해도 좋다. 노후준비자금처럼 비중이 크고 오랜 시간이 걸리는 목돈일 경우 미리 여유자금을 활용해서 준비하고 일정한 기간이 지나면 그때부터는 그 여유자금을 다른 목적자금으로 바로 활용하도록 하자는 것이다. 여유자금 포트폴리오를 연령과 목적에 따라 구성한다는 걸 의미한다. 이렇게 모으고 불리고를 병행하게 되면 앞서 설명한 자산증가형 저축의 형태를 구축하게 된다.

유대인의 지혜를 배워라

허브는 중심축이다. 흩어져 있는 것을 모으기 위한 장소이자 새로운 출발의 중심이다. 허브에서는 모으기만 하는 것이 아니라 새로운 것을 창조하기도 하고 모은 것을 네트워크로 확장시키기도 한다. 새로운 인생을 출발하는 데 삶의 중심이 되는 허브와 같은 것이 이미 존재한다면 미래의 인생이 더 유익하고 긍정적이 되는 건 당연하다. 작은 눈덩어리를 뭉쳐야 눈사람을 만들어낼 수 있듯이 인생의 허브도 처음부터 크거나 특별하지 않아도 된다.

유대인은 13세가 되는 아이에게 '미쯔바(Mitzvah)'라는 성인식을 해준다. 남자는 히브리어로 아들을 뜻하는 바르(Bar)를 붙여 바르미쯔바(Bar Mitzvah), 여자는 딸을 뜻하는 바트(Bat)를 붙여 바트미쯔바(Bat Mitzvah)라고 한다. 이날은 마치 결혼식처럼 일가, 친지, 친구 등 많은 사람이 모여 축하를 해준다. 행사를 마친 후에는 연회장이나 큰 식당을 빌려 축하모임을 갖는데, 특이하게도 그날 모임에 참석한 사람들이 결혼식 때와 마찬가지로 '부조금'을 낸다. 그 금액이 1인당 평균 200달러 정도라고 한다. 이 돈은 모두 성인이 되는 주인공의 몫이다. 어떤 이들은 성인식을 하는 자녀가 넓은 세상을 경험할 수 있도록 이 돈으로 해외여행을 보낸다. 그런데 대부분의 사람은 성인식의 주인공 이름으로 예금을 하거나 채권을 사서 묻어둔다. 그리고 시간이 지나면서 적지 않은 금액이 모인다. 이 자금은 대학졸업 후 사회생활을 시작할 때쯤 평균 두 배 이상 불어나 1억 원 안팎의 '쌈짓돈'이 된다. 그래서인지 유대인 청년들은 '당장 먹고살기 위해 어떻게 돈을 벌어야 하나? 돈은 언제 모으지?' 하고 고민하는 것이 아니라 '이 돈을 불리기 위해 무엇을 해야 하나?'라는 고민을 한다. 우리와는 돈에 관해서 출발부터 다른 셈이다. 13세에 이미 인생의 허브를 만들어놓은 덕분이다.

우리도 자신만의 특별한 허브를 만들어보자. 통장에 '내 인생의 허브'라고 크게 적어놓고 종잣돈을 마련해보자. 그리고 그 종잣돈으로 투자를 한다. 액수의 많고 적음은 문제가 되지 않는다. 그 허

브를 통해 풍요롭고 아름다운 인생의 길을 걸을 수 있다. 결국 이
것이 행복의 중요한 변수가 될 수 있다.

　목적이 분명한 종잣돈은 '스페셜 허브(special hub)'로 정하자.
미래 목적자금의 중심축이다. 분명한 것은 이 특별한 허브를 통해
목적하는 자금을 반드시 달성할 수 있을 것이다.

미쯔바 10년 뒤

13세에 미쯔바를 하면 10년 뒤에 얼마가 만들어질까? 최초 준비된 5,000만 원은
최소한 10년이라는 시간 동안 여러 금융상품에 투자가 되거나 기타 방법으로 불려
진다.

원금을 연복리(수익률)로 불려 목돈을 만든다면 그 예상치는 수익률에 1을 더해서
기간을 제곱한 것과 원금을 곱하면 된다. 만약 축의금으로 받은 5,000만 원을 10년
동안 연수익률 7% 정도의 금융상품으로 불린다면 다음과 같이 계산된다.

* 목돈 = 원금 X $(1+수익률)^n$ (n: 기간, 년수)
　$50,000,000 \times (1+0.07)^{10} = 98,357,758$원
* 축의금

　기간: 10년(13세~23세)

　원금: 5,000만 원

　수익률: 연 7%의 복리상품

　만기 목돈 약 9,800만 원

돈이 돈을 불러온다

수입을 구성하는 항목의 비중을 보면 거의 모든 사람이 내가 버는 돈, 즉 월급이나 월 고정수입으로 이루어져 있다. 그러나 돈을 모으고 불리는 방법을 잘 알고 있는 사람들은 양이 적든 많든 기본적으로 남이 벌어다주는 돈을 항상 만들어놓는다. 남이 돈을 벌어다주는 주는 방법과 효과를 알기 때문이다. 이것이 바로 돈을 지키고 안정된 노후를 보내는 핵심이다.

자신이 버는 돈은 소득이라고 하지만 남이 벌어다주는 돈은 수익이라고 한다. 소득을 올릴 방법을 찾으려면 자기계발을 하면 되지만, 수익을 올릴 방법을 찾으려면 어떻게 해야 할까? 돈이 모여 있는 곳을 찾아야 하고 그것이 흘러가는 곳으로 가야 한다. 가장 좋은 방법이다. 그러면 돈이 흘러가는 곳을 알 수 있어야 하지 않을까? 어렵게 생각하지 말자. 그냥 쉽게 받아들이면 된다. 금융시장 아니면 부동산시장이다. 누구나 접근할 수 있고 조금만 노력하면 이해하기 쉬운 곳이다.

금융시장은 은행, 증권, 보험이다. 부동산시장은 정책에 따라 움직이고 금융시장의 흐름에 반해 움직이는 공룡과도 같은 시장이기는 하다. 하지만 일확천금이 아니라 일정한 수익을 고정적으로 올리기에는 더할 나위 없는 곳이기도 한다. 그 외 현물시장도 있지만 접근성이 용이하고 본인의 자산 규모에 맞는 쉬운 방법을 선택하자.

일단 수익이 만들어지는 루트를 구축하면 돈 관리 시스템의 한 축을 세운 것이다. 이제부터 수익이 수익을 만드는 시스템을 만들면 된다. 예를 들어 오피스텔을 분양받아 월세를 받는다면 매월 월세 수익이 발생한다. 그 수익으로 다시 다른 수익을 창출할 수 있는 방법을 찾으면 더 큰 수익의 원천을 만드는 것이다. 작은 수익이라도 돈을 관리하는 시스템 중 가장 으뜸이 바로 남이 만들어주는 수익이다. 출발은 내가 버는 돈이지만 결론은 남이 벌어다주는 돈으로 새로운 목돈을 만들어 자산을 증식시키는 시스템이 바로 최고의 재테크 방식이다.

재테크가 일반적이지 않던 시절 이 방법을 사용한 선구자들이 있었다. 물론 자신이 이런 방법을 이론적으로 알고 하지는 않았겠지만 자산을 증식시키는 방식을 매우 합리적이고 효율적으로 했다는 건 분명하다. 고금리와 경제 급성장, 그리고 거주환경의 변화로 부동산의 자산증식 수단화를 충분히 경험했기 때문에 더 큰 효과를 봤을 거라는 것은 자명하다. 그렇다고 해서 지금의 경제상황과 현실을 보면 그때와 같은 효과를 볼 수 있다고 생각하는 사람은 그리 많지 않다. 그런데 문제는 예전과 같은 효과를 내지 못하지만 작은 결과라도 경험을 갖는 것과 전혀 해보지 않는 것은 어마어마한 차이가 있다는 점이다. 낮은 수익과 적은 목돈이라고 해도 시간이라는 해결 방법이 있기 때문이다.

결혼하고 바로
아이가 태어났어요

31세인 이경영 씨는 결혼 후 4개월 만에 아이가 태어났다. 혼수를 제대로 한 셈이다. 마음은 즐겁고 행복했지만 아이에게 들어가는 생활비가 생각보다 많았다. 결혼한 지 1년이 지나가는데 특별히 모아놓은 돈도 없고 생활비로 다 써버리고 있다. 그래서 한 달 전부터 아내도 다시 일을 하기 시작했다. 아이는 본가에서 맡아주고 있어 그나마 다행이지만 몸이 불편하신 부모님께 오랫동안 신세를 지기는 힘들다. 길어야 3년 정도다. 아내가 직장을 다시 다니기 시작해서 이제 생활에 여유가 생기기 시작하는데 어떻게 재테

단위: 천원

총자산			부채와 순자산		
현금자산	예/적금	15,000	부채	전세자금대출	50,000
	수시입출금예금	2,000	순자산		103,500
투자자산	청약저축	1,500			
사용자산	아파트전세보증금	120,000			
	자동차	15,000			
기타 자산					
총자산		153,500	부채와 순자산 계		153,500

변경 전 이경영 씨의 재무상태표

단위: 천원

수입			지출		
본인	근로소득	3,000	저축	적금	1,000
배우자	근로소득	2,000	보험	보장성보험	220
				개인연금	100
			고정	생활비	2,000
				대출이자	130
				양가부모님용돈	600
			변동	외식비	350
				통신비	250
				기타	350
수입계		5,000	지출계		5,000

변경 전 이경영 씨의 현금흐름표

크를 해야 할지 고민이다.

　아직 특별한 목적을 가지고 저축하고 있는 상황이 아니었으므로 먼저 재무적인 목표설정이 필요하고 그 재무목표에 따른 저축 방향을 정할 필요가 있다. 현재 상황에서는 수입이 고정적이긴 하지만 고정비로 지출되는 생활비가 많아 저축을 많이 하기에는 어려움이 있다. 다행히 최근 배우자가 직장을 다니면서 저축도 다시 시작했다. 하지만 효율적이지 못한 돈에 대해 정리가 필요하고 불필요한 씀씀이를 줄여야 한다. 대부분의 저축이 금리가 낮은 적금에 쏠려 있기 때문에 효율적인 저축을 하고 있지 않다고 볼 수 있다.

재무목표 설정

　일단 3년 동안 최대한의 종잣돈을 만들기로 한다. 5,000만 원을 목표로 잡고, 향후 그 돈 중 일부는 노후자금으로, 일부는 주택 마련을 위한 종잣돈으로 활용한다. 자녀 교육자금이나 결혼자금도 필요하고 노후를 위한 연금도 필요하지만, 각각 준비할 수 있는 여유는 없으므로 일단 계좌를 열어서 시작하고 향후 소득이 늘거나 상여금을 받을 때마다 추가납입하는 방식을 활용해서 계좌의 확장을 꾀하기로 한다.

우선 특별한 이유 없이 소비되고 있는 비용을 최소화해서 새는 돈을 막아야 한다. 기타 항목의 35만 원은 사용처가 불분명하고 보통예금통장에서 잠자고 있는 돈이 될 가능성이 높다. 이렇게 새는 돈을 반드시 막는 것이 중요하다. 외식비로 쓰는 돈도 부부의 의지만 있다면 최소한 30퍼센트는 줄일 수 있다.

다음 단계에서는 적금을 줄이고 적립식투자상품에 가입한다.

단위: 천원

수입			지출		
본인	근로소득	3,000	저축	적금	500
배우자	근로소득	2,000	투자	적립식펀드	650
			보험	보장성보험	220
				변액연금	300
				개인연금	100
			고정	생활비	2,000
				대출이자	130
				양가부모님용돈	600
			변동	외식비	250
				통신비	250
				기타	–
수입계		5,000	지출계		5,000

변경 후 이경영 씨의 현금흐름표

	현재평가금액	월불입금	금리(수익률)	3년 뒤 예상금액
예금	15,000		1.9%	15,855
적금		1,000	2.3%	37,277
계				53,131

* 세전이자 적용

	현재평가금액	월불입금	금리(수익률)	3년 뒤 예상금액
예금	15,000		1.9%	15,855
적금	–	500	2.3%	18,638
적립식펀드	–	650	6.0%	25,696
계				60,189

* 세전이자 적용

현금흐름 변경 후 목돈의 차이 비교

최소한 3년 내에 적정한 목돈을 만들어야 하므로 금리가 낮은 적금은 절반 수준인 50만 원으로 줄이고 그 여유자금을 최소한 연 5~7퍼센트 정도의 기대수익율을 가질 수 있는 적립식펀드에 가입한다.

　노후를 위한 개인연금도 장기투자상품으로 가입한다. 노후자금을 위한 출발은 연금을 확보하는 것이다. 꾸준히 넣을 수 있는 연금상품에 가입한다. 불입기간 동안의 효율성을 위해 변액연금에 가입한다. 10년 이상 저축상품에 적용되는 비과세효과도 볼 수 있고 여유자금이 생길 때나 주식시장 상황에 맞춰 추가납입을 통한 재테크도 가능할 뿐만 아니라 아이 교육자금이나 혹은 급히 쓸 돈이 생겨도 중도인출 기능을 통해 꺼내 쓸 수 있기 때문이다.

현금흐름만 변경해도 실제로 3년 뒤에 모을 수 있는 목돈의 크기가 달라진다. 또 노후준비를 위한 기본 정도는 갖출 수 있다. 앞으로 3년에 한 번 정도 자신들의 재무상태와 현금흐름을 점검하면서 계획과 실천을 정비한다면 원하는 삶을 이루어갈 수 있다.

현재 가입한 적금으로 3년 뒤에 모을 수 있는 돈은 37,276,500 원(은행금리 연2.3퍼센트, 세전이자)이고 예금과 더하면 5,300만 원 정도다. 그런데 이 적금을 절반으로 줄이고 여유자금 15만 원을 더한 65만 원을 적립식펀드에 넣을 경우 적금과 더불어 3년 뒤에 총 44,334,560원(은행금리 연2.3퍼센트, 세전이자, 수익률 연6퍼센트)의 목돈이 만들어지고 예금과 더하면 6,000만 원이 넘는다. 이렇게 적립식투자를 혼합한 저축을 들면 기대수익률이 더 높아진다. 이 경우 예금으로 모아놓은 것의 일부를 긴급예비자금의 용도로 사용할 수 있어 더 효율적인 자산관리를 할 수 있다.

또한 변액연금은 65세 시점에 연금을 받는다고 가정하면 그 시점에 적립금은 1억 5,000만 원 정도가 되므로 노후자금과 자녀 결혼자금과 같은 목적자금 준비도 가능하다.

3장

돈의 힘을 키우는 포트폴리오를 짜라

통장
하루를 맡겨도 이자가 높은 곳으로

0.1%라도 더 높은 곳을 찾아라

금리가 낮아질 대로 낮아져 마이너스금리를 시행하는 나라까지 생겨나다 보니 경제학자가 아니라 심리학자가 필요한 것 아니냐는 말이 나올 정도다. 기존 경제이론으로 금융시장을 판단하지 못하니 경제학자가 도움이 되지 않는다는 것이다. 저축은 이자가 생겨야 의미가 있지 이자가 없다면 보관이나 마찬가지다. 이제는 은행에 돈을 보관하면서 보관료를 내야 할 수도 있다. 하지만 아직은 은행에 돈을 맡기고 단 몇 푼이라도 이자를 받을 수 있다. 중산 서민층에게는 여전히 은행의 기능이 미약하게나마 작동하고 있다고 볼 수 있다. 재무설계에서는 현금자산을 예금과 적금 등으로 분류한다. 안전자산이라고 할 수 있는 이 자산을 보관할 곳을 선택할 때는 반드시 금리를 확인하고 비교해봐야 한다.

K씨는 은행 외에는 안전한 곳이 없다고 생각하는 사람이다. 매달 100만 원씩 적금에 불입하고 있는데 연1.6퍼센트 금리를 적용받는다. 금리가 너무 낮지만 그나마 이자가 있다는 것에 위안을 삼는다. 하지만 K씨가 좀더 신경을 썼더라면 같은 은행이라도 금리 혜택을 더 받을 수 있는 상품을 선택할 수 있었다. 이 상품은 조건이 맞기만 하면 0.5퍼센트의 금리 혜택을 더 준다. 지금의 금리 1.6퍼센트로 만기 시 세전으로 계산하면 이자가 10만 4,000원 붙지만 실제 받는 이자는 8만 7,990원이다. 15.4퍼센트의 세금을 원천징수하고 받기 때문이다. 그러나 만약 0.5퍼센트의 금리 혜택을 받을 수 있어서 연 2.1퍼센트의 금리를 적용받는다면 세전 13만 6,500원이고 세금을 제외한 11만 5,480원을 받을 수 있다. 금리는 단 0.5퍼센트 차이지만 2만 7,490원을 더 받을 수 있다. 이것은 1.6퍼센트 금리 때보다 무려 31퍼센트나 더 높은 이자를 받을 수 있는 셈이니 0.5퍼센트의 힘이 얼마나 큰지 알 수 있다.

은행 금리를 비교하려면 전국은행연합회 홈페이지(www.kfb.or.kr)에 있는 은행상품비교공시를 확인하면 된다. 은행별로 공시된 금리를 비교할 수 있고 각 상품의 세부내용에서 추가금리 혜택을 확인할 수 있으니 받을 수 있는 최고 금리로 선택하면 된다. 저축은행의 금리도 비교하여 확인할 수 있다. 저축은행중앙회의 홈페이지(www.fsb.or.kr)에서 저축은행금리보기를 통해 전국 저축은행의 예적금 금리를 비교 확인할 수 있다.

금융감독원의 금융상품통합비교공시(finlife.fss.or.kr)를 통해서도 확인할 수 있다. 모든 금융기관의 상품을 총망라해서 비교할 수 있으므로 활용도가 매우 높다. 하지만 금융상품비교사이트에서 확인했다고 해도 선택한 상품에 대해서는 반드시 해당 금융기관의 지점에서 충분한 상담을 거쳐 모든 조건이 자신에게 적합한지 최종적으로 확인한 후에 선택해야 한다.

통장은 계기판이다

운전을 처음 배우는 사람은 계기판이 눈에 잘 들어오지 않는다. 앞만 바라보고 가기도 힘든데 무슨 여유로 계기판까지 볼 수 있을까. 목적지까지 가는 것만으로도 버거운데 냉각수 온도계에 불이 들어온 걸 모르고 달리다가 갑자기 연기가 발생하는 경우도 생기고, 사이드브레이크가 잠긴 상태에서 주행하다가 어딘가에서 타는 듯한 냄새를 맡은 후에야 자신이 뭘 실수했는지 알게 된다. 그저 실수일 뿐이지만 이로 인해 이미 차에는 많은 무리가 가고, 결국 수리를 해야 할지도 모른다. 잘못하면 목적지까지 제시간에 가지 못할 수도 있고 아예 가보지도 못하는 일이 생길 수도 있다.

그러나 운전이 점점 익숙해지기 시작하면 보이지 않던 계기판이 눈에 들어온다. 속도계도 보이고 연료계도 보인다. 차량에 문제가 생기면 계기판에 빨간색 불이 들어오는 것을 보고 무슨 일인지 걱정스러워 서비스센터로 가기도 한다. 그래서 초보운전자들은 제일 먼저 계기판 읽는 방법을 익혀야 한다. 사용설명서를 보거나 전문가의 도움을 받을 수 있다. 운전대를 잡고 액셀러레이터만 밟는다고 목적지에 잘 도착하는 것이 아니다.

운전처럼 인생도 목적지를 향해 잘 가고 있는지, 가면서 무슨 문제는 없는지 확인하지 않으면 목적지에 잘 도착할 수 없다. 재테크를 시작하는 신혼부부는 이제 막 재테크의 시운전을 시작했다고 볼 수 있다. 그렇다면 먼저 계기판을 읽는 법을 알아야 한다. 그럼 재테크의 계기판은 무엇일까? 바로 통장이다. 재테크의 기본 중 기본이다. 현재 자신의 돈 관리 상황을 가장 잘 보여주기 때문이다. 통장은 언제 어떤 돈이 어디로 빠져나가고 그 금액이 얼마나 되는지 알려준다. 우리는 통장을 통해 들어오고 나가는 돈의 양(量)을 파악하고 질(質)을 판단할 수 있다.

통장은 돈의 흐름뿐 아니라 돈과 함께한 인생 스토리도 보여준다. 예전에는 통장의 역할이 매우 컸다. 보유한 통장 개수가 많으면 저축을 많이 하는 성실한 사람으로 통했다. 나아가 통장에는 가족의 꿈과 희망이 고스란히 담겨 있었다. 인출된 숫자 옆의 빈 공간 조그맣게 쓰인 글씨에 사연이 담겨 있었다. '생활비', '큰애 등록금' 등 시간이 지나 그 글을 보면서 여러 가지 회상도 했다. 이렇게 삶의 애환이 고스란히 적힌 종이통장이 사라지면 은행에서 통장을 정리하면서 느끼던 그 감정은 더 이상 느끼기 어려울 것이다.

종이통장이든 은행 어플이든 통장에 찍힌 다양한 입출금기록은 나의 금융기록이고 내 자산의 움직임이다. 통장의 내용을 잘 이해하고 있는 경우와 그렇지 않은 경우 반드시 먼 미래에 서로 다른 결과를 보여줄 것이다.

통장, 이것만은 알아두자

보통예금 수시로 입출금이 가능한 통장식 예금의 기본이 되는 예금이다. 누구나 만들 수 있으며 금액이나 기간에 제한이 없다. 그래서 가장 먼저 만들게 되는, 누구나 갖고 있는 통장이다. 단, 이자가 거의 없다는 것이 단점이다. 이자율 0퍼센트를 적용하는 은행도 있다.

저축예금 보통예금과 유사하지만 그에 비해 이자가 높다.
0.2~0.4퍼센트 정도라고 보면 된다.

정기적금 목돈 만들기의 전통적인 저축상품으로서 은행에서 가
장 많이 사용되는 적립식예금이라고 보면 된다. 매달 예금을 적립
해나가므로 적금이라고 부른다. 만기일에는 약정된 이율로 원금
과 이자를 돌려주므로 가장 안정적인 적립식저축이다. 은행별로
다양한 형태의 적금이 있어서 자신의 상황에 맞게 선택하면 된다.
일반적으로 6개월에서 60개월까지 월 단위로 계약기간을 정하며,
매월 정해진 금액을 정해진 날짜에 입금한 후 월 저축금액별로 단
리로 이자를 계산한다.

정기예금 은행의 적금과 같이 가장 오래된 서민금융의 기본이다.
예금은 목돈을 불리는 목적으로 사용된다. 매달 적립해나가는 것이
아니고 가지고 있는 목돈을 넣어서 만기에 약정된 금리를 적용받을
수 있다. 1개월 이상 예치가 가능하며 금리는 단리를 적용한다.

CMA(Cash Management Account) 수시입출금이 가능한 금융상품으로

종금사나 증권사에서 사용되고 있다. CMA계좌 내에 예치된 자금을 MMF(Money Market Fund)나 RP(Repurchase Agreement)에 투자하여 운용한다. 종합자산계좌라고도 하며 급여이체나 각종 이체 서비스 및 공과금 납부와 자동화기기 사용도 가능하다. 장점은 단 하루만 돈을 넣어도 이자가 지급된다는 점이다. 예전에는 단기적으로 목돈을 넣어둘 경우에 사용되는 것으로 인식되었지만 지금은 은행의 수시입출금통장과 마찬가지로 증권사의 수시입출금통장이라고 보면 된다. 단, 종금사의 CMA인 경우는 예금자보호가 되고 증권사의 CMA는 예금자보호가 되지 않는다. 그리고 제시된 이율을 보장받을 수 있는 경우가 있고 그렇지 못한 경우가 있는데 RP형 CMA는 채권이 기초자산이 되는 확정금리형이라 원금손실에 대한 부담이 없으나 종금형CMA나 MMF형CMA, MMW형CMA는 실적배당형으로서 원금손실의 위험이 있다. 금리가 하락할 경우에는 MMF형CMA가 유리하고 금리가 상승할 때는 RP형CMA가 유리하므로 본인의 상황에 맞게 선택해서 관리하면 된다.

비과세종합저축 이자소득 및 배당소득에 대해 과세를 하지 않는다. 즉, 세금을 전혀 내지 않는 것이다. 만 65세 이상의 거주자가 가입이 가능한데, 2019년까지 1세씩 계상한다. 이를테면 2016년 만 62세, 2017년 만 63세, 2018년 만 64세, 2019년 만 65세, 그 이후는 계속 만 65세가 가입대상이 된다. 그리고 독립유공자(유족도 가능), 고엽제후유증환자, 장애인, 5·18 민주화운동부상자, 국가유공상이자, 기초생활수급자 등도 가능하다. 비과세종합저축에 가입할 수 있는 금액은 금융기관을 통합하여 원금 포함 5,000만 원이다. 가입기간도 따로 제한이 없으며 만기 이후뿐 아니라 중도 해지 시에도 비과세 혜택이 주어진다. 가입대상 상품은 외화예금, 증서식 정기예금(CD, 표지어음 등), 당좌예금, 기 취급중인 비과세 상품 등을 제외하고 대부분의 상품은 가능하다.

저율과세 상품 농협, 수협, 신협, 새마을금고 등 제2금융권 상품 중 출자금 통장과 예탁금이 세금혜택을 받을 수 있다. 출자금 통장의 경우 1,000만 원까지 누구나 비과세이고, 배당률에 따라서 수익이 생긴다. 그리고 출자금 통장을 가입함으로써 농특세를 1.4 퍼센트만 내도 되는 예탁금에 3,000만 원까지 가입할 수 있다. 이러한 상품들은 제2금융권이라고 해도 예금보험공사의 예금자보호제도의 보호를 받는다. 그러므로 이율과 세금 측면에서 잘 살펴 활용할 수 있다.

ISA(Individual Savings Account, 개인종합자산관리계좌) 1인 1계좌로서 하나의 계좌에서 다양한 금융상품을 운영할 수 있고 자신에게 맞게 포트폴리오를 구성할 수 있다. 적금, 예금, 펀드 및 보험 등의 금융상품을 한 계좌로 통합운영하고 발생한 수익에 대해 비과세혜택을 받을 수 있는 만능통장이라고 할 수 있다. 가장 큰 장점은 역시 세금에 있다. 연 2,000만 원씩 5년간 최대 1억 원을 예치할 수 있는데, 근로소득 5,000만 원 미만은 250만 원까지 비과세이고, 5,000만 원 이상은 200만 원까지 비과세다. 비과세혜택 부분 이상의 수익에 대해서도 저율(9퍼센트)로 분리과세하므로 일반 이자소득세에 비해 훨씬 낮은 세금이 부과된다. 가입자격은 근로소득자, 사업소득자뿐 아니라 농어업 종사자도 포함된다. 다만 소득이 없는 가정주부는 가입할 수 없다. 정부정책의 변화가 있다면 그 이상 가입이 가능할 수도 있지만 일단 현재로서는 2018년 말까지만 가입이 가능하며 의무가입기간(5년)이 있다는 점도 알고 있어야 한다. 가입조건은 소득금액에 따라 비과세 혜택이 다소 다르고 일정 소득 이하자이거나 청년일 경우 의무가입기간이 단축되므로 자신의 상황에 맞는 최적의 선택을 하면 된다. 자신이 직접 각각의 금융상품을 관리하는 것보다 금융전문가에게 자신의 금융상품을 믿고 맡길 수 있을 뿐만 아니라 절세효과를 톡톡히 볼 수 있으므로 좋은 통장으로서의 기능을 활용할 수 있다.

주식과 펀드
직접이든 간접이든 무조건 투자하라

안전하다고 반드시 옳은 길일까?

어릴 적 미술 선생님이 '우리 동네'를 그려보라고 하면 대부분 파출소와 우체국, 소방서 그리고 하나 더, 은행을 그렸다. 그만큼 은행은 아이들에게조차 친숙한 곳, 돈을 안전하게 맡기고 삶을 윤택하게 해주는 곳으로 여겨졌다. 금리가 높았던 시절이었으니 누구나 은행에 돈을 맡기면 절대 손해 보지 않았다. 그런데 이제 그 금리가 거의 바닥이다. 그렇다면 다른 금융상품이나 해결방법을 알고 있어야 하는데, 안타깝게도 우리는 그런 걸 자세히 배운 적이 없다. 은행 외 금융권에 대해 최소한의 지식만 갖고 있어도 이런 당황스러운 상황에서 조금은 대처하기 쉽지 않을까? 요즘은 어려서부터 다양한 금융권에 대한 교육이 시행되고 있다니 다행스러운 일이다.

해외여행을 가려고 한다. 배를 타고 가야 할까, 비행기를 타고 가야 할까? 무엇을 타고 가든 어차피 목적지에 도착하는 건 마찬가지다. 단지 시간적인 여유가 있을 때는 저렴한 배를, 그 반대일 경우에는 비행기를 타고 갈 것이다. 재테크도 안전하다고 해서 반드시 은행만을 이용할 필요는 없다. 안전한 만큼 목적자금에 도달하는 데에 시간을 요구한다. 결국 시간이 위험요소가 될 수 있다. 반면 목적자금에 빨리 도달하기 위해 투자를 선택해서 무리한 시도를 하는 것은 더 큰 위험을 감수해야 할지 모른다. 하지만 적정 기간을 두고 위험을 적절히 감수하면서 투자하는 방법을 찾아보면 분명 찾을 수 있다.

투자를 해서 수익률을 올리는 방법은 다양하다. 부동산도 있고 금융상품도 있다. 그런데 신혼에 정말 중요한 목돈을 만들려고 한다. 평생 딱 한 번 있는 기회를 잘 활용하려면 몇 가지 기본적인 조건을 갖추어야 한다. 수익성과 유동성이 바로 그 조건이다. 여기에 안정성까지 동반된다면 더할 나위 없겠지만 아직은 약간의 손실이 발생하더라도 일단 도전해보자. 이미 자산이 어느 정도 생긴 특정 시점부터는 반드시 안정성을 동반한 자산 지키기를 해야 한다. 하지만 지금은 자산을 만들어가는 과정이기 때문에 다소 위험을 안고 있더라도 시간과 시장의 안정성을 믿어보자.

'원양대선 근해소선(遠洋大船 近海小船)'이다. 먼 바다를 가기 위해서는 큰 배가 필요하고 가까운 바다를 나가는 데는 작은 배로도 가능하다는 말이다. 먼 바다를 가는데 빨리 가기 위해 작은 배를 타고 가는 건 그만큼 위험이 높다. 목적한 만큼의 돈을 만들기 위해 감수할 수 있는 적절한 위험을 가진 투자를 하는 것이 현명한 방법이다.

주식은 로또가 아니다

'하늘에서 돈다발이라도 떨어지면 좋겠다'고 농담 반 진담 반으로 말한다. 노동의 대가, 노력의 보상이 아닌 그런 꿈같은 일은 절대 일어나지 않는다는 것을 잘 알지만 말이다. 그런 요행을 바라는 심리가 꿈틀대는 곳이 바로 주식시장이다. 많은 사람이 도전하고 또 많은 성공담과 실패담이 쌓인 곳에서 너도나도 주식으로 대박을 꿈꾼다. 특히 주변에 주식으로 대박 났다는 소문을 들으면 마치 그 일이 자신에게도 일어날 것 같은 착각에 빠진다. 하지만 소문은 소문일 뿐, 소리 없이 자신의 돈이 사라지는 경험만 남는다. 그래서 불나방이니 개미니 하는 소리만 듣는다. 안타깝게도 이 모든 것이 주식을 투자가 아닌 투기로 보기 때문이다. 물론 어느 누구도 투기를 하기 위해 주식을 하는 사람은 없다. 어느 한순간 욕심이 심해지면서 투기로 변질될 뿐이다.

그럼 모든 사람이 그렇게 투자가 아닌 투기를 할까? 그렇지 않다. 시장의 흐름을 믿고 꾸준히 주식에 투자하는 거북이걸음 같은 투자습관을 가지고 있는 사람들도 있다. 대박도 아니고 쪽박도 아닌 적절한 수익을 얻어가는 사람들이다. 자신의 기대수익률에 도달하면 뒤도 돌아보지 않고 정리하는 결단력도 가지고 있다. 그 순간은 남들보다 적은 수익을 본 것처럼 보이지만 시간이 지나고 보면 항상 남들보다 앞질러 갈 정도로 투자의 효과를 누린다. 그들이 어떻게 투자하는지 알아보는 것도 투자를 배우는 데 있어 중요하다. 그들은 대개 다음과 같은 투자의 원칙을 지킨다.

첫째, 반드시 총투자금액 중 여유가 되는 일부만으로 투자한다. 직접투자는 위험을 직접적으로 견딜 수 있어야 한다. 그러기 위해서는 손실에 대한 충격을 상쇄할 수 있어야 한다.

둘째, 투자대상을 분산한다. 특정 주식 하나에 모든 돈을 몰아넣어서는 안 된다. 위험을 극대화하는 오류를 범하게 된다.

셋째, 투자시점을 분산한다. 투자시점을 분산하는 방법은 정액분할투자방식과 유사하게 일정기간을 정해서 그 시점에 일정한 금액을 투자하는 방식으로 자산을 시간배열로 분산한다. 매우 효과적으로 수익을 낼 수 있는 방식이기도 하다.

넷째, 목표수익률이 적정하고 그 수익률에 도달했을 때 과감하게 정리한다. '무릎에서 사서 어깨에서 팔라'는 말이 있다. 바닥에서 머리끝이라는 극단적인 시점이 있을 거라는 생각을 포기해야 한다는 의미다. 계영배(술이 가득차지 않고 7부쯤 되는 곳까지만 채워지도록 만들어진 술잔으로 과욕하지 말라는 뜻) 같은 투자 전략이 필요하다는 뜻이다.

이 원칙은 주식투자뿐 아니라 펀드투자에도 적용된다. 둘 다 분산투자를 하기 때문에 위험관리가 되어 있다고 볼 수 있다. 이 원칙에 맞는 투자방식이 주식을 정액분할투자방식을 이용해서 매입해보는 것이다. 다음과 같은 방법으로 주식을 매입하고 매도하는 수순을 밟으면 된다. 우선 국내 우량주를 선택하여 최근 3년 동안 매월 일정금액을 투자하고 최근 매도하여 이익을 취한 사례다. 종가기준으로 매입을 했다고 가정하고 평가를 해보자.

만약 2013년 1월에 매입할 때 전체금액(39,370,000원)을 전부 다 투자했다고 가정한다면 주식 수는 124주이고 2016년 1월 13일(종가 331,500원) 매도할 경우 평가금액이 41,168,000원, 수익률은 4.57퍼센트다. 그런데 매달 정액분할투자를 했을 때는 총매입금액이 39,461,000원이고 같은 날 매도하게 되면 평가금액이

49,725,000원으로 10,264,000원의 수익이 발생하고 총 누적수익률은 26.01퍼센트이다. 연평균 8.67퍼센트에 달하는 높은 수익률이다. 이처럼 주식도 시간과 금액에 대해서도 분산투자를 할 수 있다는 점에서 그 의미가 크고 매우 적절한 투자방법이기도 하다.

주식을 하려면 HTS(Home Trading System)를 설치해야 한다. HTS는 증권사 방문에서부터 시작한다. 은행이나 증권사를 방문해서 증권계좌를 개설하고 증권카드와 보안카드를 받고 본인이 직접 집에서 컴퓨터에 HTS를 설치하면 된다. 마찬가지로 스마트폰으로도 설치 가능하므로 해당 증권사의 어플을 설치해서 이용해도 된다.

펀드는 여러 개의 방을 만든다

주식에 비해 펀드는 매우 안정적인 투자방식이다. 사전적 의미는 '주식이나 채권 파생상품 등 유가증권에 투자하기 위해 조성되는 투자자금, 일정금액 규모의 자금 운용단위'다. 일반인들이 이해하기에는 다소 무리가 따르는 해석이다. 물론 간접투자의 최고봉이고 누구나 한 번쯤은 가입 경험을 가진 것이기에 다루기 쉬운 상품이라고 생각하지만 그건 오산이다. 일단 펀드는 개인이 직접

투자를 경험하는 것은 아니다. 한 번도 만나본 적이 없는 투자전문가인 누군가에게 돈을 맡기고 그 사람에게 자신의 돈을 대신 운용해달라고 요청하는 상품이다. 그래서 간접투자라고 한다. 자신과 같은 의지를 가지고 있는 사람이 다수 모이면 운용금액이 커진다. 투자전문가는 그 돈을 가지고 유가증권이나 현물 등에 투자를 한다. 그리고 수익이 발생하면 일정 수수료를 제외하고 투자자들에게 돌려준다. 이것이 펀드다. 종류도 투자방식도 많고 다양하다. 그중 하나를 선택해서 자산을 맡기면 된다.

펀드의 가장 큰 장점은 첫 번째, 적은 돈으로 투자가 가능하다. 수백억 부동산을 일반서민이 산다는 건 불가능하다. 하지만 소액을 모아서 일정 투자가능금액까지 조성한다면 그 큰 자산도 투자가 가능하다. 즉, 살 수 있는 모든 자산에 대해 투자가 가능하다.

두 번째로 '몰빵'의 위험이 없다. '계란을 한 바구니에 담지 말라'라는 가장 기본적인 투자원칙이 적용된다. 한두 개의 종목만 가지고 운용되는 펀드는 없다. 기본적으로 수십 개의 종목에 분산투자를 원칙으로 한다. 개인은 그 원칙을 바탕으로 만들어진 펀드에 투자해서 본인이 원하는 적정한 기대수익을 충족하면 된다.

펀드는 상품의 구조만으로도 분산투자가 되지만 금융기관의 기능면에서도 분산투자가 된다. 펀드는 펀드를 판매하는 판매사와 운용지시를 하는 자산운용사, 그리고 고객이 투자한 돈을 보관하는 수탁사가 구분되어 있다. 투자상품이니 예금자보호법이 적용되지 않는다고 해서 걱정할 필요가 없다. 판매사가 망하면 운용사로, 운용사가 망하면 수탁사로 돈을 청구하면 5,000만 원 한도의 예금자보호법과 상관없이 그 이상이라도 자신의 돈을 돌려받을 수 있다.

이렇듯 펀드는 위험을 분산하여 여러 개의 방으로 수익을 만드는 구조이기도 하고 수익 또한 여러 개의 방으로 분산시키는 구조적인 특성을 가지고 있다. 어느 한 곳이 무너졌다고 해서 건물 자체가 무너지지 않는 매우 튼튼한 투자다.

투자에서 가격이 싸든 비싸든 상관없이 일정한 시점에 일정한 금액을 투자해서 전체적인 매입단가를 낮추는 효과를 보게 되는 것을 매입원가평균법(DCA: Dollar Cost Averaging)이라고 한다. 다음은 금에 20년 동안 투자한다고 가정하고 목돈과 적립식투자를 비교한 것이다. 이 자료를 보면 적립식투자와 목돈투자의 차이와 효과를 쉽게 이해할 수 있다.

표를 보면 알 수 있듯이 목돈투자에 비해 정액분할투자가 실제 금가격의 등락과 상관없이 수익을 얻을 수 있다. 결국 시장상황도 어느 정도 중요한 요인으로 작용하지만 결국 '매도 시점을 어디서 결정하는가' 하는 문제가 더 중요하다. 또한 변동이 심하더라도 매입원가가 평준화될 수 있는 방식이기 때문에 저가매수라는 원

정액분할투자

금값(100g당, 만원)	1년	2년	3년	4년	5년	6년	7년	8년	9년	10년
금값(100g당, 만원)	400	390	360	320	350	380	410	380	350	330
투자금액(만원)	400	400	400	400	400	400	400	400	400	400
누적투자금액	400	800	1,200	1,600	2,000	2,400	2,800	3,200	3,600	4,000
금매입량(g)	100.00	102.56	111.11	125.00	114.29	105.26	97.56	105.26	114.29	121.21
누적매입량(g)	100.00	202.56	313.68	438.68	552.96	658.22	755.79	861.05	975.33	1,096.55
평가금액(만원)	400.00	790.00	1,129.23	1,403.76	1,935.36	2,501.25	3,098.72	3,271.98	3,413.67	3,618.60
수익률(%)	0.00%	-1.25%	-5.90%	-12.26%	-3.23%	4.22%	10.67%	2.25%	-5.18%	-9.53%

금값(100g당, 만원)	11년	12년	13년	14년	15년	16년	17년	18년	19년	20년
금값(100g당, 만원)	300	320	340	370	390	420	450	470	490	500
투자금액(만원)	400	400	400	400	400	400	400	400	400	400
누적투자금액	4,400	4,800	5,200	5,600	6,000	6,400	6,800	7,200	7,600	8,000
금매입량(g)	133.33	125.00	117.65	108.11	102.56	95.24	88.89	85.11	81.63	80.00
누적매입량(g)	1,229.88	1,354.88	1,472.53	1,580.63	1,683.20	1,778.44	1,867.33	1,952.43	2,034.06	2,114.06
평가금액(만원)	3,689.64	4,335.61	5,006.59	5,848.35	6,564.47	7,469.43	8,402.97	9,176.43	9,966.92	10,570.32
수익률(%)	-16.14%	-9.67%	-3.72%	4.43%	9.41%	16.71%	23.57%	27.45%	31.14%	32.13%

목돈투자

금값(100g당, 만원)	1년	2년	3년	4년	5년	6년	7년	8년	9년	10년
금값(100g당, 만원)	400	390	360	320	350	380	410	380	350	330
평가금액(만원)	8,000.00	7,800.00	7,200.00	6,400.00	7,000.00	7,600.00	8,200.00	7,600.00	7,000.00	6,600.00
수익률(%)	0.00%	-2.50%	-10.00%	-20.00%	-12.50%	-5.00%	2.50%	-5.00%	-12.50%	-17.50%

금값(100g당, 만원)	11년	12년	13년	14년	15년	16년	17년	18년	19년	20년
금값(100g당, 만원)	300	320	340	370	390	420	450	470	490	500
평가금액(만원)	6,000.00	6,400.00	6,800.00	7,400.00	7,800.00	8,400.00	9,000.00	9,400.00	9,800.00	10,000.00
수익률(%)	-25.00%	-20.00%	-15.00%	-7.50%	-2.50%	5.00%	12.50%	17.50%	22.50%	25.00%

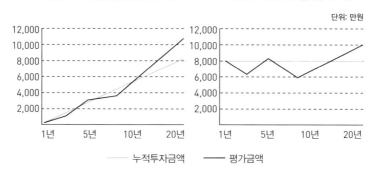

적립식투자 원금 vs 평가금액 비교   목돈투자 원금 vs 평가금액 비교

적립식투자와 목돈투자의 원금 및 평가금액 비교

론적인 투자 방식을 그대로 반영할 수 있는 방법이다.

수익률을 비교하면 안정적 투자라는 의미를 이해하기 쉽다. 적립식투자의 경우 목돈투자보다 시장환경에 덜 민감하게 반응한다는 것을 알 수 있다.

펀드의 종류

매우 다양하고 복잡해서 종류를 분류하기조차 어려운 것이 펀드다. 하지만 이해하기 어렵다고 해서 아무것도 모르고 단지 권유에 의해 선택하는 것은 위험하다. 전자제품을 사더라도 꼼꼼히 살

피고 사소한 흠집이라도 잡아내던 사람이 증권사에 들어가면 꿀먹은 벙어리가 되어 아무 말 못하고 권유하니 좋은 거겠지 하고 생각할 수는 없지 않은가? 무엇을 물어봐야 하는지, 그리고 어디에 초점을 두고 살펴봐야 하는지 정도는 알고 있으면 자신의 자산을 불리는 데 훨씬 도움이 된다.

그렇다면 펀드는 어떻게 구분할까? 기준에 따라 다양하게 구분할 수 있지만 가장 쉬운 것이 투자처에 따른 구분이다. 이것은 간단하다. 크게 보면 주식에 투자하는 주식펀드와 채권에 투자하는 채권펀드로 구분한다. 두 가지를 혼합하여 안정성을 높인 경우는 혼합형펀드라고 한다. 물론 이것 말고도 주식과 채권이 아닌 새로운 투자처를 대상으로 하는 펀드가 속속 나오고 있지만 우선은 주식과 채권으로 구분하는 것이 가장 큰 분류라고 이해하면 된다.

그다음은 투자 스타일에 따른 분류다. 성장주에 투자하는 펀드가 있고 가치주에 투자하는 펀드도 있다. 성장주는 쉽게 말하면 널리 알려져 있고 실적에 따라 주가가 변동하는 주식이다. 우량주를 성장주라고도 한다. 가치주는 인지도는 낮지만 실적대비 주가가 저평가되어 있는 주식이다. 그래서 이런 가치주는 흙 속의 진주와도 같다. 성장주와 비교하면 주가 변동이 심하지 않고 안정적이다.

대형주나 중소형주를 구분해서 투자하는 펀드도 있다. 대형주펀드는 시가총액으로 판단한다. 상위 100위까지의 기업에 투자하는 것을 대형주펀드라고 하고 300위까지를 중형, 그 나머지를 소형주펀드라고 한다. 대형주는 중소형주에 비해 변동성이 적은 편이라 안정적이라 할 수 있다.

그 외에 배당 성향이 높은 종목에 투자하는 배당주펀드와 부동산에 투자하여 수익을 올리는 부동산펀드 등이 있다.

국내투자와 국외투자로 나눠 국내투자펀드와 해외투자펀드로, 다시 해외투자펀드는 국내에서 판매되지만 국내 운용사에 의한 역내펀드와 해외에서 외국 운용사가 운영하는 역외펀드로 나눌 수 있다.

공격적으로 운용하는 수익추구형의 액티브펀드와 기준치만큼의 수익만을 추구하는 인덱스펀드인 패시브펀드로 나누기도 한다.

이러한 구분 기준에 의해서 독립적이지만 중복되는 영역을 가진 다양한 펀드가 매우 많이 존재한다. 그러므로 개인적인 투자 성향을 알고 펀드의 구분과 그 성향을 이해하면 펀드를 선택하는 있어 도움이 된다.

펀드 용어의 이해

기준가격 금의 매매 단위는 '돈'이다. 금을 살 때는 "한 돈에 얼마죠?"라고 묻는다. 마찬가지로 주식은 단위를 '주'라 하고, 펀드는 단위를 '좌'라고 한다. 그런데 펀드는 "한 좌에 얼마죠?"라고 묻지는 않는다. 그럼 어떻게 계산하고 평가할까? 첫 번째 알아야 하는 것이 기준가다. 펀드가 처음 만들어졌을 때 1좌의 기준가는 1원이다. 숫자가 작은 관계로 1,000좌 단위의 기준가로 표시한다. 이것은 편의상의 표시방식일 뿐이다. 이 기준가는 매일 바뀌는데, 그 변동된 기준가격으로 펀드를 거래한다. 그때 거래된 펀드는 거래 좌수가 된다. 이 좌수는 시간이 흘러 기준가격이 변동이 되면 그 시점의 기준가격으로 평가금액이 결정된다. 투자시점대비 기준가 비교로 수익률을 계산하면 된다. 예를 들면, 다음과 같이 계산할 수 있다.

투자금액: 1,000만 원

투자시점의 기준가: 1215.50원

투자시점의 거래좌수: 8,227,067좌

환매시점의 기준가: 1421.30원(투자시점대비 205.8원 상승, 수익률 16.9퍼센트)

환매시점의 평가금액: 8,227,067좌×1421.30원/1,000= 11,693,130원

환매일과 적용기준가 돈을 인출할 때 펀드는 일반 은행의 인출과는 다른 방식이 적용된다. 환매청구를 했다고 해서 그 자리에서 바로 돈을 인출할 수 없다. 환매를 청구한 그 펀드의 기준가도 청

구시점에 따라 적용하는 날짜가 달라진다. 기본적으로 펀드는 환매청구일 포함 4영업일에 돈으로 지급하도록 되어 있다. 펀드 형태에 따라서도 달라지는데 주식이 50퍼센트 이상인 펀드의 경우 환매청구일 3시 이전에 청구를 하게 되면 적용기준가는 바로 다음날인 2영업일이 된다. 하지만 3시 이후에 청구를 할 경우 기준가 적용일은 3영업일이 된다. 하지만 환매금은 4영업일에 동일하게 지급한다. 만약 주식이 50퍼센트 미만인 펀드라면 5시가 기준이 된다. 5시 이전에 환매청구를 하면 3영업일이 기준가 적용일이 되고 4영업일에 환매금을 지급한다. 5시 이후에 하게 되면 4영업일이 기준가 적용일이고 그다음 날인 5영업일에 환매금을 지급한다. 채권형펀드는 주식형펀드와 차이가 있다. 환매청구일 5시 이전에 청구하면 3영업일에 기준가를 적용하고 바로 환매금을 지급한다. 5시 이후는 그다음 날인 4영업일에 기준가를 적용하고 바로 환매금을 지급한다. 펀드의 환매는 법적으로 기준가 적용을 미래로 제한한다. 이것을 미래가격방식이라고 하는데 모든 가입자들을 보호하기 위한 제도다. 만약 돈을 찾아야 하는 상황이 벌어진다면 미리 필요한 시점과 환매금 입금시점을 고려해서 환매청구를 할 필요가 있다.

수수료와 보수 펀드투자를 할 때 미리 고려해야 할 사항이 바로 수수료와 보수다. 수수료는 판매회사가 판매를 위한 서비스의 대가로 받는 것이다. 때문에 한 번만 내면 된다. 수수료는 펀드의 특성에 따라 가입 시에 내는 선취수수료, 환매 시에 내는 후취수수료, 그리고 중도환매수수료로 구분된다. 중도환매수수료는 정해진 기간 내에 환매를 할 때 발생하는 것으로서 페널티를 주는 것이다. 대출의 중도상환수수료와 개념이 같다고 보면 된다. 반면 보수는 펀드의 순자산에 대해 정기적으로 부과된다. 판매사, 자산운용사, 수탁사에 지급하는 보수와 사무관리보수를 모두 총보수라고 한다. 총보수가 크면 클수록 받을 수 있는 돈이 줄어든다고 보면 된다. 우리가 볼 수 있는 계좌에서는 쉽게 그 크기를 알 수가 없는데 그 이유는 총보수가 이미 빠진 금액이 적혀 있기 때문이다. 장기로 투자할 경우 문제가 될 수 있는 것이 바로 이 보수 때문인데 예를 들어 판매수수료가 없다고 해서 가입했는데 총보수가 2.5퍼센트인 주식형펀드에 투자를 한다고 했을 때 매달 300만 원씩 5년을 불입했다고 보면 원금만 1억 8,000만 원이다. 원금 수준의 순자산이라고 가정한다고 해도 그해 1년 동안 450만 원의 보수가 빠져나간다. 5년 뒤에는 자신이 내는 돈의 12.5퍼센트가 보수로 빠져나가는 셈이고 순자산이 증가하면 할수록 그 보수는 점점 커지니 장기투자에는 적합하지 않다는 것을 알 수 있다.

보험
두 마리 토끼를 잡아라

보험은 이미 다 있어

많은 사람들이 '보험' 얘기를 꺼내면 부정적으로 반응할 때가 많다. 아마도 보험회사의 공격적인 영업방식이 부담스럽게 느껴지고 또 상담 중 어쩔 수 없이 갖게 되는 '죽음'에 대한 생각을 외면하고 싶기 때문일 것이다. 그렇긴 해도 누구나 보험이 필요하다는 점은 인정한다. 단지 강요에 의한 선택이 아니라 자신이 직접 선택하고 싶어 할 뿐이다.

자신이 직접 보험을 고르려면 우선 위험과 보험의 관계에 대해 알고 있어야 한다. 우리의 인생은 여러 가지 위험에 노출되어 있다. 일찍 죽을 수 있는 위험도 있고 반대로 너무 오래 살아야 하는 위험도 있다. 각종 질병이나 재해로 어려움에 처할 수 있는 위험도 있다. 그런 위험에 대비하는 것이 바로 보험이다. 문제는 이런 위험에 대비한 보험이 없을 경우, 아니면 부족한 경우에는 지금까지 열심히 마련해나가는 자산증식 과정에 치명적인 타격을 받을 수 있다는 점이다.

"자기야, 무슨 보험이 이렇게 많아? 한 달에 보험료만 50만 원이 넘게 나가잖아."

"말도 마. 엄마 친구분께서 보험을 하셔서 1년에 한 번씩은 보험에 들어야 했다니까. 어릴 때부터 둘도 없는 친구라고 하시는데 싫다고 할 수도 없고, 어쩔 수 없지 뭐."

"그래도 그렇지. 당신 수입이 얼만데…… 어머님한테 말씀드리고 정리 좀 해야겠어."

많아도 걱정이고 없어도 걱정인 것이 보험이다. 적정하게 잘 가입하고 수입에 맞게 보험료를 내고 있다면 큰 문제가 없겠지만 너무 많은 보험료를 내고 있다면 분명 문제다. 통계자료에 의하면 우리나라 보험가입자의 대부분이 자신이 무슨 보험에 어떤 혜택을 볼 수 있는지 정확히 알고 있는 경우가 거의 없다고 한다. 어찌 보면 당연한 일이기도 하다. 연고나 지인 영업을 마케팅으로 펼치는 경우가 대부분이니 혹시라도 상대에게 해가 될까 싶어 쉽사리

해약하거나 정리하기가 쉽지 않다. 가까운 지인이나 친지들이라면 서로 돕거나 의지하려고 하니 '좋은 게 좋은 거'라는 말이 우리 정서와도 잘 맞아 떨어진다.

하지만 매달 소득의 일부분이 빠져나가는 만큼 필요 시 혜택을 받아야 하기 때문에 자신이 가지고 있는 보험에 대해 잘 알고 있어야 한다. 보험은 미래지향적인 상품이다. 미래에 발생할 위험에 대비하는 상품이다. 그렇다면 어떤 보험이 좋은 보험일까? 사람들에게 질문을 해보면 대부분 이렇게 대답한다.

"싸고 좋은 보험이요."

맞는 말이다. 싸고 좋은 보험이 가장 좋은 보험이다. 그런데 세상 어디에도 싸고 좋은 보험은 없다는 것이 문제다. 싸면 그만큼 혜택이 적고 비싸면 그만큼 혜택이 많다.

"매월 1만 원만 내면 3억까지 혜택을 드릴 수 있습니다. 단, 휴일에 사고가 나야 합니다. 그리고 승용차를 타고 있으면 안 됩니다. 반드시 비행기를 타고 계셔야 합니다. 만기가 되면 낸 돈도 돌려드립니다. 이만한 보험 보신 적 있으세요?"

농담으로 회자되는 이야기다. 웃자고 하는 이야기지만 보험에 대해 우리가 너무 쉽게 생각하고 있지는 않은지 생각해보게 한다.

좋은 보험으로 이런 조건을 제시한다면 좋을 듯하다. 우선 시간과 장소에 상관없어야 한다. 그리고 보험금이 크고 보장 영역이

넓어야 한다. 보장 기간도 길어야 하며 보험료가 합리적이어야 한다. 마지막으로 오랫동안 유지할 수 있어야 한다.

보험도 금융상품인가?

"보험이 보험이지 무슨 금융상품이야."

"무슨 소리야. 보험도 금융상품이지. 그러니까 제2금융권이란 말도 하잖아."

지금은 보험을 당연히 금융상품이라고 생각하지만 예전에는 그렇지 않았다. 얼마 전까지만 해도 보험회사는 금융과는 달리 그저 보험을 판매하는 회사라고 인식되었다. 1990년대가 되어서야 보험시장이 개방되면서 외국계보험사가 국내로 들어오기 시작한 뒤 그때까지 우리가 접하지 못했던 다양한 보험상품이 개발되고 판매되기 시작했다. 그전까지만 해도 저축보험, 교육보험, 상해보험, 건강보험이 대부분이었는데 이후로는 종신보험과 변액보험, 유니버셜보험 등이 판매되면서 보험시장에 일대 파란이 일어났다. 그리고 곧 수많은 보험상품이 시대 상황에 맞게 발달하면서 활용도가 높은 금융상품으로서 그 가치가 점점 상승해왔다.

일례로 보험상품이면서 저축과 투자의 기능을 갖고 있는 다양한 상품들이 존재한다. 즉, 보험도 금융상품인 것이다. 앞으로는 스마트폰 터치만으로 가입할 수 있는 스마트보험이 개발되어 확대될 전망이다. 예전과는 너무나도 다른 과정을 거쳐서 보험가입도 가능하게끔 금융환경이 변화하고 있는 것이다. 하지만 반드시 알아야 선택의 오류를 피할 수 있는 것들이 있다.

　마음에 드는 꽃이라도 난생처음 키운다면 물은 어떻게 줘야 하는지, 창가에 둬야 하는지 그냥 책상 위에 둬도 되는지 등 여러 가지 궁금한 것들을 알아본다. 그 식물을 잘 키우기 위해서 먼저 특성을 파악하고 그 특성에 맞게 정성을 다하게 된다. 돈도 마찬가지다. 내년에 결혼하기 위해 자금을 마련한다고 하면 은행 적금에 가입하겠는가? 아니면 주식을 사겠는가? 당연히 적금에 가입할 것이다. 언제 어떤 목적으로 사용할 자금인가에 맞춰서 은행상품, 투자상품, 보험상품을 선택해야 하는 것이다. 아프거나 다칠 때를 위해서 보험을 가입할 수도 있지만, 10~20년 후에 활용하기 위한 장기적인 투자를 저축보험이나 변액보험을 통해 해결할 수도 있다. 더구나 지금과 같은 저금리시대엔 보험도 충분히 투자의 수단이 될 수 있다. 은행보다 높은 금리와 복리를 통한 자산 불리기 그리고 안정성을 위한 최저보증 등 활용만 잘한다면 재테크의 한 영역으로서 효율적인 상품이 된다.

종신보험 말 그대로 종신토록 보장이 되는 상품이다. 피보험자의 사망 시 회사가 약정한 보험금을 지급한다. 반드시 한 번은 지급한다는 것이 종신보험의 특징이다. 상품이 점차적으로 발전해가면서 추가납입이나 중도인출을 할 수 있는 유니버셜 기능을 대폭 개선해서 지금은 대부분의 보험상품이 유니버셜종신보험으로 판매가 되고 있다. 유니버셜 기능의 하나로서 자유납입(위험보험료만을 납입하거나 약간의 저축보험료를 더하여 납입보험료를 줄이는 것) 기능과 설사 납입을 하지 않더라도 일정한 기간(의무납입기간)이 지나면 월대체보험료로 적립금에서 위험보험료를 충당할 수 있기 때문에 경제적으로 어려운 상황이 되어도 보험을 해지할 필요 없이 보험료를 내지 않아도 보장을 받을 수 있도록 하고 있다. 회사별로 차이가 있지만 대부분 질병과 재해에 관련된 특약을 선택할 수 있어 질병 및 재해 그리고 사망 보장과 저축을 동시에 할 수 있게 설계할 수 있다. 자신의 환경과 납입 능력에 맞게 다양한 설계를 해보고 선택하는 것이 좋다. 연금으로 전환할 수도 있으므로 은퇴 시 노후자금으로도 활용이 가능하며 중도인출을 통해서도 연금식으로 활용할 수 있다.

CI(Critical Illness) 보험 종신보험이면서 사망보장의 일부를 중대한 질병이 걸릴 경우 진단자금으로 선지급해주는 보험이다. CI진단자금은 중대한 질병, 중대한 수술, 중대한 화상 및 부식일 때 지급을 하는데, 여기서 중대한 질병이란 주로 사망의 원인이 되는 만성질환으로 인한 질병들로서 암 등 중증질환이나 말기질환이 포함이 되며, 중대한 수술은 5대 장기이식 수술 등이다. 회사에 따라 중대한 질병과 수술의 종류는 조금씩 다르지만 일반적으로 15~18가지 정도가 된다. 기존에는 진단자금을 한 번만 지급했지만 요즘은 두 번 지급하는 상품도 많이 나와 있다. 사망뿐 아니라 여러 가지 질병과 수술을 보장해주기 때문에 보험료는 비싼 편이지만, 고정부가 되는 특약으로도 보장되는 부분(장기간병상태, 스텐트 시술 등)이 많아서 보장성보험의 대표상품으로 꼽힌다. 중대한 질병이라는 명칭 때문에 살기 어려운 상태가 되어야 받는다는 생각을 할 수 있지만, 보장금액도 크고 암의 경우는 회사에 따라서 일반 암과 동일하게 지급을 받을 수 있는 상품도 있으므로 가족력이 있거나 보장성 상품이 필요한 경우 가입해두면 좋다.

변액유니버설보험 변액유니버설보험은 저축성과 보장성으로 구분할 수 있는데 보장성은 변액유니버설종신보험으로 판매가 되고 있고 특정기간이 지나면 저축성으로 전환할 수 있다. 변액보험은 기본적으로 보험상품이긴 하지만 구성된 펀드에서 자산이 운영되므로 보험에서의 투자상품이다. 일반적인 유니버셜보험은 공시이율을 적용하고 자산운영에서 발생되는 모든 손실은 회사에서 책임을 지도록 되어있지만 변액유니버셜보험은 자산운영에 따른 모든 손실을 가입자가 지도록 되어 있다. 하지만 위험이 있는 만큼 공시이율상품보다는 수익률이 더 높을 수 있기 때문에 자신의 성향에 맞게 선택하면 된다.

변액연금보험 변액보험 중에서는 매우 안정적인 상품이라고 할 수 있다. 연금지급시점이 되었을 때 투자손실이 발생해 자신이 낸 보험료 총액보다 훨씬 적은 적립금이 발생하더라도 낸 보험료만큼은 최소보증하기 때문이다. 연금 지급방식은 일반적인 연금보험과 같기 때문에 앞서 설명한 연금 지급방식에 대한 내용을 참조하면 된다. 단, 변액연금은 연금 지급 시 공시이율이 아닌 투자수익률을 반영할 수 있도록 선택할 수 있으므로 연금전환시점의 상황에 맞게 결정하면 된다.

교육보험 저축보험이자 생존보험의 분류에 속한다. 교육을 받는 특정한 나이가 되면 소정의 보험금이 지급된다. 장기적인 자녀의 교육자금으로 활용이 가능하다. 교육보험은 특약을 통해 자녀의 질병이나 재해로 인한 사고 시에도 보장을 받을 수 있도록 할 수 있다. 추가납입이나 중도인출을 통해서도 자금 활용이 가능하기 때문에 목적자금으로 활용할 수 있다. 또한 부모의 사망이나 장애 지급률 50퍼센트 이상의 장애상태가 되거나 암에 걸릴 경우 납입을 면제해주는 기능을 추가할 수 있고 그런 상황이 되더라도 사전에 약정한 보험금은 계속 지급이 된다. 가족의 상황에 맞게 설계할 수 있으므로 충분한 상담을 통해 자녀교육 비용을 확보할 수 있도록 한다.

실손보험 보험가입자가 질병이나 상해로 입원 또는 통원치료를 하게 될 경우 실제로 부담하게 되는 의료비를 보험회사가 보상하는 상품이다. 국민건강보험에서 부담하지 않는 비급여 항목과 급여 항목 중 법정본인부담금을 보상해주는 것이니 실제 치료비를 거의 내지 않을 수 있어 국민건강보험의 보완상품으로서 반드시 가입해야 하는 상품이다. 최근 실손보험에 대한 보험사의 손해율이 매우 높아져서 점차적으로 보험료가 상승하는 추세이므로 아직 가입하지 않았다면 빨리 가입하는 것이 조금이라도 비용을 줄일 수 있다. 다만, 모든 병원비에 대해서 보장받는 것이 아니므로 사전에 보장받는 범위에 대해서 정확하게 파악하고 다른 건강보험과 보완해서 가입하는 것이 좋다. 이미 가입한 경우라고 해도 가입한 시기에 따라서, 그리고 생명보험과 손해보험 중 어디에서 가입했는지에 따라서 병원비의 100, 90, 80퍼센트까지 보장 한도가 다르다. 그러나 2009년 10월 이후 국가에서 공통적으로 만들어낸 표준화실손의료보험으로 이제는 같은 혜택을 누릴 수 있다. 일반적으로 건강보험이나 종신보험의 특약들은 여러 개 가입되어 있어도 중복으로 보장받을 수 있다. 그래서 암 진단자금이 여러 보험을 합산해서 1억, 2억 이상이 되는 경우가 발생한다. 하지만 실손보험의 경우 중복보장을 해주는 것이 아니라 비례보상을 받기 때문에 여러 개 가입한다면 보장받는 금액은 같은데 지불하는 보험료만 많이 내게 된다. 그러므로 실손보험은 잘 검토하여 하나만 가입하는 것이 효율적이고, 또한 타 상품에 붙어 있는 특약의 형태로 가입이 된 경우와 단독 상품으로 가입된 경우, 갱신할 수 있는 최대 나이가 달라지므로 주의해야 한다.

자녀교육과 주택

부(富)의 달성일까? 빈(貧)의 시작일까?

아이교육의 원칙이 곧 노후준비의 원칙

예로부터 아들을 낳으면 소나무나 잣나무, 딸을 낳으면 오동나무를 심는 풍습이 있었다. 오동나무는 딸이 시집갈 때 혼수용 가구로 사용하고, 소나무와 잣나무는 집을 지을 때 사용하거나 죽을 때까지 아름드리나무로 키워 관으로 사용했다고 한다. 아이가 태어날 때부터 미래를 준비하는 선조들의 지혜라고 볼 수 있다.

지금도 마찬가지다. 상담을 하다 보면 대부분의 부모들이 아이가 태어나면 아이 이름으로 소액이라도 꼭 통장을 만들어 저축을 시작한다. 그런데 문제는 이 통장을 정말 필요한 시기까지 꾸준히 유지를 하면서 적절하게 활용하는 부모들이 많지 않다는 것이다.

노인대학에 다니시는 어르신들이 함께 식사를 하면서 이런 얘기를 했다고 한다.

"어제 말이지 우리 손주가……."

"여보게, 당신 지금 손자 자랑하려는 거지? 그럼 여기에 돈 만 원 올려놓고 얘기해."

할머니, 할아버지에게 손주는 언제나 세상에서 가장 머리 좋은 천재다. 자식보다 더 예쁘다는 손자손녀에게 만 원 한 장이 아까울까. 그런데 이렇게 사랑스러운 이유 중 하나가 교육에 대한 직접적인 부담이 없기 때문이라고 하니 맞는 말 같기도 하다.

성인이 될 때까지 자녀를 가르쳐야 하는 부모의 입장은 조금 다르다. 아이의 성공을 위해 때로는 간섭하고 통제하고 공부에 대한 잔소리를 한다. 사교육비를 감당하기 어려워 집을 팔고 단칸방에서 자식만 바라보다 신세한탄을 하는 부모들도 많다. 기러기아빠가 한둘이 아니다. '과유불급(過猶不及)'이라고 했다. 뭐든 과하면 오히려 부족한 것보다도 못하다는 뜻이다. 그만큼 '중용'의 중요성을 강조하는 말이다. 자녀가 공부를 하고 싶은데 경제적인 이유로 뒷받침해주지 못한다면 이 또한 슬프고 불행한 일이다. 하지만 과도한 사교육비의 지출, 그리고 부모의 불안감으로 인한 교육은 자신의 미래를 더 불행하게 할 수도 있다.

그래서 필요한 것이 바로 원칙이다. 자녀교육을 위한 원칙을 세우는 것이다. 신혼 때 미리 세워보자. 이 원칙은 자신의 노후를 지키기 위한 원칙이기도 하다. 이를테면 '자녀를 영재로 만들기보다 인재로 키우자' 또는 '자녀교육을 위해 노후를 포기하지 말자' 같은 원칙을 세워보면 어떨까. 가정적으로 그리고 사회적으로 우리 아이를 인성 바른 사람으로 키우겠다는 결심, 부모의 문제를 아이에게서 해결하려 하지 않겠다는 결심이 자녀와 부모 모두를 행복한 미래로 나아가게 해줄 것이다.

살려고 사는 거야, 팔려고 사는 거야?

사람들이 살아가는 모습은 거의 유사하다. 그런데 재무상담을 하면서 느끼는 점은 삶을 대하는 태도가 사람마다 조금씩은 다르다는 것이다. 물론 태어나 자라면서 교육받고 결혼하고 자녀를 낳아 기르고 늙어가는 모습이 천편일률적으로 같다면 사는 재미가 없을 듯하다. 삶을 대하는 태도에 따라 다른 삶을 살아가는 것이 인생의 묘미인 듯하다. 어떤 신혼부부는 처음부터 목표를 내 집 마련으로 정하고 돈을 모은다. 그런데 또 다른 신혼부부는 집에는 전혀 관심이 없다.

"대출로 사더라도 집은 있어야지요. 계속 이렇게 옮겨 다니면서 살고 싶은 생각은 없어요."

"집을 꼭 사야 하나요? 전 그 돈이라면 땅을 사겠어요. 땅이 좀 어렵다면 다른 데 투자하고 싶은데요."

"전 집도 땅도 관심 없어요. 그냥 재미있게 인생을 살다가 가렵니다. 길지 않은 인생 아등바등 살고 싶은 생각이 없어요."

누구의 생각이 맞을까? 아니 정답이라는 것이 있기나 한 걸까? 현실적으로 집은 우리의 자산 중 대부분을 차지한다. 그러나 이 집을 마련하기 위해 많은 빚을 지는 것 또한 현실이다. 이 때문에 하우스푸어가 생겨나기도 한다.

세대가 바뀌고 있다. 이제는 집에 대해 과거와 다른 시각이 필요하다. 우리 부모세대는 집이 없이 셋방살이를 하면서 고생을 많이 했기 때문에 작더라도 내 집은 있어야 한다고 생각했다. 더구나 그 시절은 작은 집이라도 물가상승 이상으로 가치가 향상되었기 때문에 투자수단으로도 훌륭했다. 하지만 지금은 그런 시대가 아니다. 집에 대한 개념이 점점 바뀌고 있다. 소유의 개념이 아니라 주거의 개념으로 변화되고 있다.

그렇다면 집을 사지 말아야 한다는 말인가? 꼭 그렇지는 않다. 자신의 상황이나 주변환경, 그리고 자신의 성향에 맞게 선택하면 된다. 어차피 주거의 개념이 강하기 때문에 살 수 있을 때까지 살고 나중에 어떤 자산으로 활용할지를 결정하면 된다. 1~2년마다 오르는 전세값을 부담하는 것도 힘들고 아이 학교 때문에라도 그 지역에 정착해야 한다면 집을 사는 것이 더 현명한 선택일 수 있다. 그리고 세월이 지나 주택자산을 일부 목돈으로 쓰거나 연금자산으로도 활용할 수 있는 방식을 선택하면 된다. 꼭 사야 할 필요가 없다고 생각한다면 다양한 방식으로 거주 형태를 선택하면 된다. 그 비용으로 다른 목적자금을 만들어가면 된다는 의미다.

우리나라의 인구구조상 문제점인 생산인구 감소와 고령인구 증가로 향후 부동산시장의 움직임을 예측하기가 힘들다. 돈을 써서 주택을 구매할 수 있는 인구보다 주택을 처분하고 아끼고 아껴 평생을 살아가야 하는 인구가 더 많아지는 상황이 이미 벌어지고 있다. 일본의 잃어버린 20년, 장기불황의 늪과 유사한 상황이다. 집은 심사숙고해봐야 하는 선택의 문제라는 것이 분명하다. 집을 그 자체로 목표가 아닌 삶의 한 수단으로 보자. 그래야 명확한 재무목표가 설정될 수 있기 때문이다.

이러한 관점을 갖기 위해서는 부부의 의사소통이 중요하다. 서로 집에 대해서 어떤 꿈을 갖고 있는지를 알아야 하고 그것을 어떻게 소유하고자 하는지에 대한 생각도 알아야 한다. 집을 바라보는 시각은 크게 두 가지 성향으로 구분할 수 있다.

첫째, '거주장소로서의 부동산과 투자수단으로서의 부동산은 다르다'고 생각하는 시각이다. 이들은 전세를 살거나, 혹은 시프트 주택 등 직장과 교육이 편리한 곳에 최소한의 가격으로 사는 데 투자하고, 나머지 자금으로 땅, 주택경매, 임대수익을 누릴 수 있는 부동산에 투자하는 것을 더 긍정적으로 생각하는 부류다.

둘째, '집은 단순히 사는 장소가 아니라 가족의 다른 이름이다'고 생각하는 시각이다. 가족이 사는 곳에 큰 의미를 부여하고 그 장소를 꾸미고 가꾸는 데 관심을 많이 가지는 성향으로서, 그런 장소인 만큼 집을 마련하기 위해 적극적으로 투자도 하고 부채 또한 부지런히 갚고, 집을 이용해서 자산을 불려가는 것에 더 관심을 갖는 부류이기도 하다.

부부가 이 중 어떤 성향에 더 가까운지 파악하고 그에 맞는 투자를 선택하는 것이 좋은 방법이다. 성향과 투자방식 등을 고려할 때 집을 투자수단으로 결정했다면, 거주장소로서의 주택과 투자수단으로서의 부동산을 구분해서 재무목표를 설정해야 한다. 예를 들어, 직장과 가까워지기 위해 서울에서 시프트 주택시프트 주택을 선택하는 한편, 집을 마련하기 위해 준비했던 여유자금으로 수도권의 역세권이나 지방이라도 월세를 받을 수 있는 아파트를 구매한다거나 또는 경매를 하는 방식으로 투자자산을 늘려가면 된다.

"내가 사는 집을 애들 교육이나 주변 여건에 맞춰서 사고팔고 했더니 집값이 많이 올랐어. 이 집에서 살다가 애들 결혼시키고 나면 주택연금 받으면서 노후를 보내면 될 것 같아."

"난, 집 살 돈으로 수도권에 땅을 샀거든, 다행히 땅값도 오르고 해서 그곳에 건물을 올리면 임대수익으로 노후를 해결하면 될 것 같아."

투자수단이 아니라 거주공간으로만 생각한다면 자녀교육과 가족의 주거환경에 모든 초점을 맞추면 된다. 그리고 자신의 자산 상태에 부담되지 않는 선에서 집을 구입하면 된다. 막연히 다음에 집값이 상승하면 팔고 다른 곳으로 가야지 하는 생각을 할 수도 있지만 시장은 절대 개인의 생각대로 움직이지 않는다는 걸 명심해야 한다. 집은 부(富)의 상징이기도 하지만 빈(貧)의 시작일 수도 있다.

주택, 이것만은 알아두자

주택청약종합저축 주택마련을 위해 청약 1순위를 받기 위해서는 반드시 주택청약상품에 가입해야 한다. 예전에는 주택청약예금, 청약부금, 청약저축, 청약종합저축 4가지로 구분되어 있었지만 2015년 9월부터 청약종합저축으로 일원화되었다. 또 예전에는 국민주택, 민영주택, 민간건설 중형국민주택 등으로 구분되어 청약할 수 있도록 한 것을 국민주택과 민영주택 2종으로 단순화했다. 청약 시 국민주택이든 민영주택이든 상관없이 사용할 수 있는 특징이 있다. 누구든지 나이 제한 없이 가입할 수 있으므로, 월 2만 원 이상 50만 원 이하 납입이 가능하며 근로자는 소득공제도 되기 때문에 절세효과도 누릴 수 있다. 총급여액이 7,000만 원 이하인 무주택세대주로서 연간 불입금액의 40퍼센트, 한도는 96만 원이다(2014년도까지 가입한 무주택세대주로서 7,000만 원 초과 근로소득자는 연 48만 원을 한도로 2017년 납입분까지 소득공제 가능). 예금자 보호법의 대상은 아니지만 국가에서 보증하므로 지급에 문제는 없다.

국민주택과 민영주택 국민주택은 국민주택기금의 자금을 지원받아 건설하는 전용면적 85제곱미터 이하의 주택을 말하며, 민영주택은 민간건설업체가 정부자금(국민주택기금)의 지원을 받지 않고 건설하는 모든 평형의 주택이다. 참고로 민간건설 중형국민주택은 민간건설업체가 국민주택기금의 지원을 받아서 짓는 전용면적 60~85제곱미터의 주택이다.

임대주택 임대주택은 공공기관이나 민간업자가 무주택서민을 위해 임대를 목적으로 짓는 주택을 말한다. 대표적인 것으로 국민임대주택은 무주택 저소득층의 주거안정을 위한 주택으로서 임대료는 주변시세의 50~80퍼센트 수준이고, 2년 단위로 갱신한다. 임대는 최대 30년까지 가능하다. 공공임대주택은 임대 후 5~10년 정도 지난 후 분양전환해서 입주자가 우선해 소유권을 이전 받을 수 있으며, 50년간 분양전환하지 않고 임대로만 거주하는 50년 공공임대주택도 있다. 그 외에도 최근에 장기전세, 행복주택 등 여러 가지가 있다.

행복주택 대학생, 사회초년생, 신혼부부 등 젊은 층을 대상으로 주변 시세의 60~80퍼센트 정도의 임대료로 공급하는 임대주택이다. 거주지역과 관계없이 대학생은 재학 중인 대학교가, 사회초년생과 신혼부부는 재직 중인 직장이 행복주택 건설지역 인근에 있으면 신청할 수 있다. 임대차 계약은 2년 단위로 갱신되며 최초 계약을 포함해 3회(6년)까지 계약할 수 있다. 대상별로 입주자격 요건이 다른데, 행복주택 홈페이지(www.molit.go.kr/happyhouse)에서 '입주자격 자가진단'을 해보면 알 수 있다.

장기전세주택(시프트) 월 임대료 없이 20년 범위에서 전세계약 방식으로 공급하는 임대주택으로서 주변 전세값의 80퍼센트 수준이다. 입주자격은 무주택구성원으로서 소득기준은 전용면적 60제곱 미터 이하는 전년도 도시근로자 가구당 월평균소득의 100퍼센트 이하, 60~85제곱미터 이하는 120퍼센트 이하다. 한편, 기존주택 을 매입해 개·보수한 후 저렴하게 임대하는 매매임대방식과 집 주인이 국민주택기금에서 지원을 받아 대학생 및 독거노인을 위 한 1인 주거형 다가구주택으로 리모델링하는 임대사업도 있다.

뉴스테이(기업형 임대) 서민층이 아닌 '중산층'이 주요 대상으로서 소득기준, 주택소유 여부 등과 관계없이 누구나 당첨되면 입주할 수 있으며, 임대료는 주변시세와 비슷하다. 최대 8년까지 살 수 있 으며 임대료 상승률은 연 5퍼센트 이내로 제한한다.

주택담보대출 보금자리론 무주택자이거나 1주택자면 누구나 신 청할 수 있다. 한도는 담보가치의 70퍼센트까지다. 만기 때까지 적용되는 고정금리로서 변동금리에 비해 다소 높지만 안정적이 다. 9억 이상의 고가주택은 제외된다. 대출한도는 최대 5억 원까 지다. 대출기간은 10년, 15년, 20년, 30년이고 상환방식은 원리 금균등분할상환, 체감식(원금균등)분할상환, 체증식분할상환(만 40세 미만만 가능) 중에서 선택하면 된다. 대부분의 금융기관에서 취급하고 있지만 사전에 주택금융공사 홈페이지에서 확인한 후 해당 금융기관을 선택하면 된다. 금리혜택을 볼 수 있는 전자약정을 할 수도 있다. 아낌e보금자리론이라고 하는데 이것은 KEB 하나은행에서만 가능하다.

조금이라도 더 확보할 수 있다면
빨리 시작하자

김다래 씨의 사례

김다래(32세) 씨를 만나면 기분이 좋다. 항상 웃으며 모든 일에 감사하는 모습을 보면 배울 점이 많다. 남편인 최현준(29세) 씨도 마찬가지다. 두 사람은 직장에서 만나 사귀고 결혼한 사내커플이다. 이제 결혼한 지 불과 8개월밖에 되지 않았지만 다른 신혼부부들보다 무척이나 성숙한 신혼부부였다.

"지금까지 정말 열심히 살았어요. 부모님께 크게 손 벌리지 않고 이렇게 결혼까지 해서 착한 남편 만나 살고 있으니 감사하죠. 남편도 이제 회사생활 3년째인데 착실해요. 얼마 전 회사에서 재테크 강의를 들은 적이 있어요. 지금까지는 집 한 채만 마련하면 좋겠다는 생각에 모든 돈을 단순히 저축만 했었는데 그게 아니더라고요. 전 노후생각은 해본 적이 없어요. 지금까지 제 힘으로 살아왔고 앞으로도 열심히 살 수 있으니까 노후 정도는 어떻게든 해결하겠지 하는 막연한 생각이었던 거 같아요. 노후 이야기를 듣고 보니까 정말 고민해봐야 할 문제더라구요. 그래서 남편하고 얘기해봤죠. 그 사람도 같은 생각이더라구요."

젊은 사람들은 노후준비에 대해 어느 정도 인식은 하고 있지만 남아 있는 시간이 길다고 생각하기 때문에 급하지 않은 일로 치부해버리고 소홀히 생각한다. 하지만 결혼한 다음에 누구나 한 번쯤은 할 수 있는 고민이기에 이번 기회에 구체적인 상담을 받으려고 준비했다.

김다래 씨는 현재 직장에서 10여 년을 근무한 상태였고 남편도 대학을 졸업하자마자 바로 같은 회사에서 직장생활을 시작했다. 아직은 아이가 없지만 1년쯤 뒤에 아기를 가지려고 한다. 지금은 반전세로 전세보증금 1억 5,000만 원에 월세 35만 원으로 살고 있고 대출은 전세자금대출이 5,000만 원이 있고 차량할부가 1년 정도 남아 있다.

단위: 천원

총자산			부채와 순자산		
현금 자산	예/적금	13,000	부채	전세자금대출	50,000
	수시입출금예금	5,000		차량할부잔액	4,000
투자 자산	적립식펀드	22,000	순자산		169,000
	주식투자	5,000			
	청약저축	6,000			
사용 자산	아파트전세보증금	160,000			
	자동차	12,000			
기타 자산					
총자산		223,000	부채와 순자산 계		

변경 전 김다래 씨의 재무상태표

단위: 천원

수입			지출		
본인	근로소득	3,500	저축	적금	2,200
배우자	근로소득	2,500	투자	적립식펀드	400
			보험	보장성보험	180
				개인연금	100
			고정	생활비	1,800
				월세, 대출이자	520
				대출상환(차량)	320
			변동	외식비	230
				통신비	250
				기타	
총자산		6,000	지출계		6,000

변경 전 김다래 씨의 현금흐름표

변경 전	변경 후
국민연금, 퇴직연금	국민연금, 퇴직연금, 변액연금

김다래 씨의 노후준비자금

노후준비를 위한 기본적인 개념은 어느 정도 가지고 있는 신혼부부이기에 연금이나 기타 자산을 연금화하는 부분에 대해서 의견을 합의하는 데 큰 무리가 없다. 먼저 노후에 초점을 두고 저축을 하는 현금흐름은 개인연금 10만 원이 전부이고 나머지는 모두 주택마련에 중점을 두고 있다. 전세자금대출도 빠른 시간 내에 상환하려고 준비하고 있으므로 적금을 해약하지 않고 불입하여 대출을 상환할 수 있도록 한다. 대출상환 이후에 발생하는 여유자금에서 추가적인 저축을 통해 노후자금과 자녀교육자금에 대해 증액 보완하기로 한다.

노후자금은 앞으로 30여 년 이상을 준비할 수 있는 시간이 충분하기 때문에 노후에 중점을 둔 금액을 크지 않게 착실히 모으면 큰 무리는 없다. 하지만 주택마련과 앞으로 2년 안에 태어날 아이의 육아비 및 교육비 등을 고려하고 육아를 위해 잠시 휴직을 해야 하는데 그때 줄어드는 수입까지 고려한다면 자금운용이 긴축적이어야 한다는 의견이다. 어쨌든 노후준비를 위한 계획이기 때문에 다음과 같이 노후자산 확보를 위한 단계적인 계산을 해본다.

최현준(남): 30세, 직장생활 3년차

김다래(여): 33세, 직장생활 10년차

예상 노후생활비: 월 200만 원(현재가치)

예상 물가상승률(은퇴 전후 동일): 3%

기대수익률(은퇴 전후 동일): 5%

예상 은퇴시점: 66세

예상 기대여명: 95세(30년)

은퇴시점의 월 생활비(물가상승률 3% 감안): 월 580만 원

준비자금

1) 예상 국민연금: 246만 원(65세부터 수급, 매년 물가상승률만큼 상승하여 수급)

2) 예상 퇴직연금: 130만 원, DC형(고정수급)

3) 예상 개인연금: 29만 원(20년납입, 공시이율 적용, 고정으로 가정)

이렇게 계산이 되면 은퇴 시점에 필요한 월생활비 부족자금은 175만 원이 된다. 연간 부족한 필요자금 2,100만 원이다. 물가상승을 감안한 현재가치로 연간 725만 원이니 현재 시점으로 보면 월 60만 원 정도의 생활비가 부족한 셈이다. 이 부족한 금액을 충당할 수 있는 방법을 찾아야 한다.

수입			지출		
본인	근로소득	3,500	저축	적금	2,200
배우자	근로소득	2,500	투자	적립식펀드	400
			보험	보장성보험	200
				변액연금	300
				개인연금	100
			고정	생활비	1,800
				월세,대출이자	520
				대출상환(차량)	–
			변동	외식비	230
				통신비	250
				기타	
수입계		6,000	지출계		6,000

변경 후 김다래 씨의 현금흐름표

먼저 고민해봐야 하는 것은 '현금흐름을 어떻게 원활하게 할 것인가' 하는 문제다. 먼저 현금성 자산이 있음에도 부채가 있어 수시입출금통장의 잔액으로 자동차할부금을 먼저 정리하고 그 금액으로 20년납의 변액연금에 가입한다. 또 보장성보험은 있지만 실손보험에 가입되어 있지 않아 단독실손보험을 추가한다. 이 경우 노후준비자금으로 은퇴 시 총 2억 6,000만 원(변액연금 6.5퍼센트 수익률 예시) 정도의 추가 준비자금을 만들 수 있었다. 이 금액을 연금으로 수령하게 되면 연간 1,400만 원 정도가 된다. 그럼 초기 연간 부족자금으로 산정한 2,100만 원에서 700만 원 정도가 남게 된다. 이것은 향후 소득이 증가할 때 보완하거나 주택구입 후 은퇴 시 주택연금으로도 충당이 가능하다. 또한 추가납입(대부분의 연금이나 유니버셜상품은 추가납입이 가능)을 통해 자녀 결혼자금과 같은 장기목적자금으로도 활용할 수 있으므로 용도를 확장해서 사용해도 무방하다.

4장

종잣돈
5,000만 원이
연금
10억으로
돌아온다

신혼 3년 동안
5,000만 원을 만들어보자

원금은 같은데 이자가 다르다?

금리는 연단위로 계산된다는 건 누구나 아는 사실이다. 그런데 연 2퍼센트 금리의 적금에 매월 100만 원씩을 불입하면 낸 금액은 1,200만 원인데 이자는 13만 원이 붙었다. 계산대로라면 1,200만 원의 2퍼센트인 24만 원이 되어야 하지 않을까? 이것은 예금과 적금의 차이이자 돈과 시간과의 역학관계 때문이다. 먼저 이것을 알아야 적금을 이해할 수 있다. 매월 100만 원씩 적금으로 불입한 경우와 연초에 1,200만 원을 예금에 넣은 경우, 연 2퍼센트의 금리를 적용한 예금과 적금에 대한 비교표다. 이해의 편의를

연 2% 예금, 세전이자 적용

단위: 원

	1개월	2개월	3개월	4개월	5개월	6개월	7개월	8개월	9개월	10개월	11개월	12개월	합계
예금원금	12,000,000												12,000,000
예금이자												240,000	240,000

연 2% 적금, 세전이자 적용

단위: 원

		1개월	2개월	3개월	4개월	5개월	6개월	7개월	8개월	9개월	10개월	11개월	12개월	합계
적금원금		1,000,000	1,000,000	1,000,000	1,000,000	1,000,000	1,000,000	1,000,000	1,000,000	1,000,000	1,000,000	1,000,000	1,000,000	12,000,000
이 자		20,000 (12개월)												20,000
			18,333 (11개월)											18,333
				16,667 (10개월)										16,667
					15,000 (9개월)									15,000
						13,333 (8개월)								13,333
							11,667 (7개월)							11,667
								10,000 (6개월)						10,000
									8,333 (5개월)					8,333
										6,667 (4개월)				6,667
											5,000 (3개월)			5,000
												3,333 (2개월)		3,333
													1,667 (1개월)	1,667
이자합계		20,000	18,333	16,667	15,000	13,333	11,667	10,000	8,333	6,667	5,000	3,333	1,667	130,000

신혼 3년의 힘

위해 세전이자를 적용하여 산출해보자.

1,200만 원의 돈이 한꺼번에 금리를 적용받으면 좋겠지만 적금으로 하게 된다면 매월 100만 원만 금리의 적용을 받게 된다. 금리는 시간이라는 무게추에 따라 결정된다. 시간이 길면 긴만큼 더 높은 금리를 적용받고 짧으면 짧을수록 더 낮은 금리를 적용받는다. 첫 달에 만약 1,200만 원을 넣어놓으면 그 돈은 12개월이라는 시간 동안의 금리를 전부 적용받는다. 하지만 매달 100만 원씩 넣을 경우는 첫 달에 넣은 100만 원만 12개월치의 금리를 적용받고 그다음부터는 11개월치, 10개월치, 9개월치 순으로 마지막 넣은 100만 원은 1개월치만을 적용받는 순간까지 점차적으로 금리가 줄어든다고 보면 된다. 결국 예금으로 넣은 1,200만 원에 대해서는 1년 뒤 24만 원의 이자가 붙고, 매월 100만 원씩 넣은 적금에 대해서는 같은 금리라고 해도 13만 원이 붙게 된다. 단순하고 상식적인 이 원리를 이해하면 돈 모으기에 있어서 선택해야 할 금융상품의 폭이 더 넓어진다.

5,000만 원을 모으려면 1년에 16,666,666원씩 3년을 모으면 된다. 매월 1,388,889원씩 모으면 된다. 계산기로 두드려 숫자를 얻어내는 건 간단하다. 하지만 매월 카드결제일만 되면 머리가 아파오고 마이너스통장을 만지작거리게 되는 상황에서는 그리 녹록하지 않은 금액이다. 로또 2등이라도 당첨되면 한 번에 해결할 수

있는 금액이기도 하지만 당첨을 꿈꿀 시간에 차라리 모아보자.

과거에 10퍼센트 이상의 은행금리를 적용할 때는 3년 만기 적금에 넣어두면 쉽게 해결되는 문제였다. 매월 119만 원씩 3년을 불입하게 되고 이자도 꽤 많이 붙었다. 무려 700만 원이 넘는 이자가 생긴다. 그런데 지금은 다르다. 금리가 높아야 2퍼센트대로 적용된다. 예를 들어 연 2.5퍼센트 금리로 적용된다고 하자. 얼마나 차이가 생길까?

단위: 원

	적립원금	10% 금리		2.5% 금리	
		이자	적립금	이자	적립금
1년	14,280,000	797,635	15,077,635	194,860	14,474,860
2년	28,560,000	3,174,095	31,734,095	755,767	29,315,767
3년	42,840,000	7,294,703	50,134,703	1,691,977	44,531,977

매월 119만원 적립 시 금리에 따른 적립금 차이

단위: 원

	적립원금	2.5% 금리	
		이자	적립금
1년	16,080,000	219,422	16,299,422
2년	32,160,000	851,031	33,011,031
3년	48,240,000	1,905,251	50,145,251

매월 134만원 적립 시 적립금

연 10퍼센트의 금리 때와 같이 매월 119만 원을 불입했을 때는 3년간 불입하고 나서 목표한 5,000만 원에 부족한 자금이 550만 원이나 된다. 그럼 결국 매월 더 많은 돈을 넣는 방법을 택해야 한다. 같은 금액을 만드는데 매월 119만 원이 아니라 134만 원을 넣어야 가능할 뿐만 아니라 이자도 190만 원밖에 붙지 않는다. 매월 꽤 큰 금액을 불입하는 것치고는 그에 맞는 대접을 받지 못한다는 생각이 든다. 그렇다면 어떻게 해결해야 할까?

예전처럼 금리가 10퍼센트를 넘나들던 때는 더 이상 오지 않을 것이다. 지금과 같은 저금리에서는 목표한 금액에 도달하기 위해서 적절한 수익률을 가지고 있어야 한다. 이미 정해져 있어 더 이상 어쩔 수 없는 그런 '금리'를 활용하는 것이 아니라 '투자'를 활용하는 상품을 찾아야 한다. '수익률'을 기본으로 해야 하는 이유다. 금액과 시간은 이미 정해져 있다. 그렇다면 결국 남는 것은 '수익률'이다. '투자'를 근간으로 하는 상품에서 자신에게 적합한 기대수익을 바라는 게 지금으로서는 최선의 방법이다.

3년간 5,000만 원 만들기

5,000만 원 만들기는 다양한 방법을 취할 수 있다. 처음부터

5,000만 원이 될 때까지 매달 분할투자로 불입하는 방법이 있고 처음 일정한 목돈을 만든 다음에 그 돈을 불리면서 동시에 매달 불입을 하는 방법을 쓸 수도 있다. 어떤 방식이든 본인의 능력과 현실에 맞는 방법을 이용하면 된다. 하지만 위험관리 측면에서 생각해볼 필요가 있다. 아무리 폐쇄적인 투자방법이라고 해도 어쩔 수 없는 상황이 되면 지금까지 지켜오던 돈을 깰 수밖에 없는 상황이 생기기 때문이다.

단위: 원

매월 불입금	불입기간	연수익률	불입원금	목표금액
1,264,773	3년	6%	45,531,828	50,000,000

매달 일정금액을 불입해서 5,000만원을 모을 경우

그래서 돈 모으기 첫 해에는 일정 금액까지 목돈을 모아 일차적인 저축을 마무리하고 목돈통장으로 만든 뒤 그 목돈을 종잣돈으로 2년 동안 불린다. 만약 1년 동안 6퍼센트의 수익률로 매달 161만 원씩 모으면 2,000만 원을 모을 수 있고, 이 목돈은 2년 뒤 2,247만 원이 된다. 그다음 그렇게 불린 돈과 5,000만 원의 차액을 목표금액으로 2년 동안 불입할 금액을 정하면 된다.

매월 불입금	불입기간	연수익률	불입원금	목표금액
1,077,033	2년	6%	25,848,782	27,528,000

매달 일정 금액을 불입해서 목표금액을 모을 경우

이 두 가지 방법을 비교해보면 1차년도에 조금 허리띠를 졸라매면 2차년도, 3차년도에 여유자금이 더 발생할 수 있고 실제로 같은 수익률이라고 가정할 때 총 불입한 금액으로 보면 목돈을 혼합했을 때가 더 적은 금액으로 더 효과적이다.

구분	불입원금총액	투자기간별 월 불입금액		
		1차년	2차년	3차년
매월 불입 시	45,531,828	1,264,773	1,264,773	1,264,773
목돈혼합 시	45,207,930	1,613,262	1,077,033	1,077,033

두 가지 방법 비교

원금 33만 원이 적은 차이라고 생각할 수 있다. 하지만 33만 원은 2,000만 원을 1년 동안 2퍼센트 금리상품에 넣으면 발생하는 세후 이자와 같은 금액이다. 목표하는 금액이 같더라도 어떤 방법을 취할 것인가는 개인이 선택할 문제다. 하지만 최소한의 금액으로 최대한의 효과를 얻을 수 있고 더 안정적인 방법이라면 그 방법을 선택하는 것이 옳다.

물론 100만 원 이상의 저축을 매월 하려면 그에 응당한 수입이 발생해야만 한다. 만약 그 정도의 저축여유자금 마련이 쉽지 않다면 그보다 적은 금액으로 저축기간을 1~2년 늘여서라도 최대한 5,000만 원에 도달할 수 있도록 해야 한다.

이제는 자산증가형 저축이다

예전과 같은 방법이라면 짧은 시간 동안 목적자금별로 저축을 해나갔다. 앞서 설명한 소비형 저축이다. 부족한 금액은 대출로 충당했다. 결국 각각의 목적자금을 위해서 저축을 해나가면서 대출은 별도로 발생하게 되고 대출상환과 저축의 순환이 반복되어 결국 마지막에는 아직 준비되지도 않은 노후준비자금이 대출상환으로 빠져나가게 되는 꼴이 되어버린다.

이제는 그런 방식으로 노후준비를 하기가 쉽지 않다. 자산을 그때그때 해결하는 방법으로는 전반적인 목적자금들을 쉽사리 해결하지 못한다는 의미다. 자산을 증식하려면 일찍 시작해야 하고 긴 시간 동안 자산을 축적해나가면서 목적자금들을 해결하는 방식으로 변화해야 한다. 30년에 걸친 자산증가형 저축을 통한 자산관리

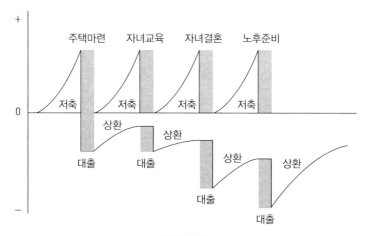

소비형 저축

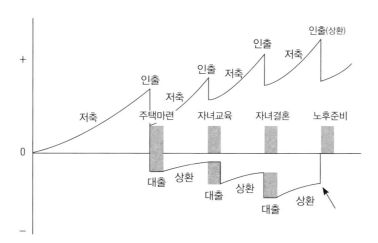

자산증가형 저축

프로그램의 큰 그림이다.

이 중에서 노후자금준비는 가장 큰 비중을 차지한다. 때문에 일찍 시작해서 자산축적을 위한 흐름에서 가장 큰 축을 담당해야 한다. 이렇게 준비해나간다면 그래프에 있는 화살표 시점처럼 마지막 1/3인 은퇴 이후의 노후에는 부채가 없는 순자산으로 생활을 할 수 있다.

갑자기 큰돈이
필요할 때도 있다

"어머님께서 노인대학에서 운동하다가 넘어져 다치셨나봐. 병원에서 보호자 오라고 연락이 왔어."

혼자 생활하시는 어머님께서 우리한테 연락도 안 하고 병원에 가셨다니 이게 무슨 소린가? 며칠 전까지 별일 없이 잘 지내시는 걸 보고 왔는데, 걱정스런 마음에 서둘러 병원으로 향했다. 어머님은 병원 한쪽에 웅크리고 앉아계셨다.

"무슨 일이세요? 어디 많이 편찮으세요?"

"아니다. 손목을 좀 다쳤는데 통증이 심해서 병원에 왔더니 뼈가 좀 상했대."

"언제 다치셨는데요?"

"······."

말씀이 없으셨다.

"어제 다치셨는데 우리가 걱정할까 말씀도 안 하시고 계셨나봐."

옆에 있던 아내가 속상한 듯이 말했다.

"엑스레이를 찍었는데 뼈가 아주 조각이 나 있더라고요. 그래서 수술을 해야 한대요."

어쩔 수 없다. 큰애 대학등록금으로 준비하고 있던 적금을 깨고 말았다.

특별한 목적을 가지고 돈을 모으다 보면 이상하게도 평소에는 없던 일들도 때마침 생기고, 그 일들이 전부 다 돈이 들어가는 일이다. 발생한 그 일이 만약 생계를 위협할 정도로 심각한 상황이면 더 이상 이야기할 것도 없다. 그런데 이럴 때마다 그 비용을 해결하려고 돈 모으기를 포기하거나 아니면 대출을 받아야 하는 상황이 만들어진다. 돈 모으기에는 큰 걸림돌이 아닐 수 없다.

몇 년 만에 대학 후배가 찾아왔다.

"10여 년을 넘게 회사에 몸담았는데 처음으로 월급이 나오지 않았어요."

"그래? 너네 회사 잘나간다고 하더니."

"글쎄 말이에요. 요즘 같은 불경기에 잘 버티는 회사가 많지는 않겠지만 이렇게까지 어려울지는 몰랐죠."

입사하고 단 한 순간도 회사가 망할 수 있다는 사실을 알지 못했을 뿐만 아니라 때만 되면 특별 보너스를 두둑하게 주던 그때가 다시 올 거라는 기대를 가지고 있었는데 이게 무슨 날벼락 같은 일인가 했다고 한다. 하지만 현실이 그랬고 그 후배가 그 현실을 피부로 느끼는 데는 긴 시간이 필요하지 않았다. 회사는 결국 부도가 났다. 얼마 있지 않아 회사는 문을 닫았고 실직자라는 꼬리표가 달렸다. 경기가 좋지 않고 이미 나이가 40이 훌쩍 넘어서니 받아주는 회사도 없다고 했다. 준비해둔 돈은 없고 매달 써야 하는 생활비는 일정한데 수입이 없으니 적금, 예금, 보험을 차례로 해약할 수 밖에 없었다.

만약 이럴 때 쓸 수 있는 돈이 사전에 준비되어 있다면 어떨까? 당연히 돈 모으기에 전혀 문제가 없지 않을까? 어쩔 수 없는 실직이나 질병, 상해로 인해 병원신세를 져야 할 상황이 생겨도 마찬가지다. 보험이 들어있다고 해도 부족할 경우도 있다. 그럴 때 써야 될 자금을 준비해놓으면 된다. 몇 개월 정도 생활비를 해결할 수 있는 돈이라면 된다. 장기 입원치료를 필요로 하는 질병이나 상해가 아니라면 최소한 준비할 시간을 벌 수 있기 때문이다. 그것을 긴급예비자금이라고 한다. 일반적으로 월생활비의 3~6배 (3~6개월치 생활비)를 준비해두면 된다.

이런 긴급예비자금이 준비되어 있다면 돈 모으기 관리에 있어

탄탄한 기본은 되어 있다고 볼 수 있다. 최소한 돈 모으기나 돈 불리기를 하는 도중에 위기가 와도 실패를 막아줄 방패가 되기 때문이다.

30년간
5,000만 원 굴리기

5,000만 원 어떻게 굴릴까?

인생에서 처음으로 만진 5,000만 원이라는 돈의 의미는 엄청나다. 당연한 얘기지만 1,000만 원이라는 숫자가 통장에 적혀 있을 때와는 비교되지 않을 만큼 감격스럽다. 이 돈을 무작정 은행에 넣어두고 노후자금이 만들어지길 기다리는 사람은 없을 것이다. 지금까지 정말 힘들고 어렵게 모아온 목돈이니 잘 불리고자 하는 마음은 당연하다. 큰돈이 생겼다고 함부로 써서도 안 된다. 그렇다면 이제는 그 5,000만 원을 어떻게 불릴 것인가를 두고 고민해 봐야 한다. 지난 3년 동안은 돈을 모으기 위한 단계였고, 그 과

정에서 재테크의 방법을 배우고 익히는 시간을 가졌다. 그 경험을
바탕으로 이제는 그렇게 모은 목돈을 불려야 하는 과정을 실천해
야 한다.

신혼 3년 이후에는 주변의 환경뿐만 아니라 가족의 환경도 다
양하게 변해가기 때문에 고려해야 하는 조건이 많이 생긴다. 목
돈을 불리는 데 있어서 이 모든 것이 다 변수로 작용한다는 점을
미리 고려해야 한다. 자녀도 태어나고 어느 정도 목돈도 마련되
어 있을 때다. 주변의 유혹도 만만치 않다. 자동차를 바꾸고 싶기
도 하고 여행도 다니고 싶다. 사고 싶은 것도 마음껏 사는 여유를
좀 부리고 싶은 생각도 든다. 하지만 그런 유혹에 빠지는 순간 어
렵게 세우고 만들어온 전체적인 계획을 변경하거나 처음부터 다
시 시작해야 하는 어려움이 생길 수도 있다. 그래서 제일 먼저 노
후준비통장을 만들어야 한다. 이 통장은 '노후만을 위한 통장'이라
는 정의가 필요하다. 때문에 이 통장에 들어 있는 돈을 관리하는
원칙은 다른 통장의 돈관리와는 달라야 한다. 돈을 모으는 원칙이
아니다. 돈을 불리는 원칙이다. 노후를 위한 돈불리기의 원칙은
간단하고 반드시 지킬 수 있어야 한다.

첫 번째, 폐쇄적이어야 한다. 어떤 유혹에도 흔들리지 않고 자산
을 지킬 수 있어야 한다. 두 번째, 안정적이어야 한다. 너무 경기에
민감하거나 경제환경에 쉽게 흔들리지 않는 돈관리를 할 수 있어

야 한다. 또한 자산이 불려지면서 분산투자를 통해 위험도를 낮춰야 한다. 세 번째는 효율적이어야 한다. 아무리 안정적이라도 해도 수익을 추구하지 못하면 소용없다. 효율적인 투자로 수익을 올려야 한다.

이런 원칙이 만들어졌다면 어떤 방법으로 이 목돈을 불릴 수 있는지 판단해야 하는데 그 순서를 한번 생각해보자. 제일 먼저 고려해야 하는 것이 이 목돈의 목적이다. 이 목돈은 처음부터 목적이 분명했다. 5,000만 원은 노후준비자금을 준비할 종잣돈으로 준비했었다. 그래서 그 목돈을 노후준비통장을 만들어서 계좌에 넣는다.

그다음으로 고려해야 하는 것이 투자기간이다. 노후준비자금이니 당연히 은퇴시점까지 투자기간으로 설정하면 된다. 지금부터 자신이 설정한 은퇴시점에서 지금 나이를 빼면 투자기간이 설정된다. 상당히 긴 장기적이 투자기간이 나온다. 신혼 3년이 지난 시점이라고 한다면 최소한 30년 정도는 된다. 이렇게 긴 시간 때문에 자신의 상황에 적합하지 않다고 여기기도 한다. 그렇게 생각하는 건 당연하다. 그래서 돈이 불려지는 과정이 길게 느껴지지 않도록 단계별 투자상황을 설정해서 중간점검을 하고 그 결과를 체크하는 계좌 관리기법이 중요하다.

각 단계는 3년 단위로 설정하는 것이 좋다. 3년이라는 시간은 그리 길지도, 그렇다고 짧지도 않은 시간이고 폐쇄적이지만 관심을 두고 관리할 수 있는 적절한 시간이기도 하다. 총 투자기간이 30년이라면 각 단계 3년씩 총 10번의 투자단계를 거치게 된다.

적합한 상품 선택을 위한 기준설정 순서

그다음은 각 단계별 기대수익률을 설정해야 한다. 시간이 흐름에 따라 각 단계별로 주변의 상황도 변화한다. 라이프사이클을 살펴보면 잘 알 수 있다. 각 단계별 주변의 상황이 중요한 이유는 불리고 있던 목돈이 주변의 상황으로 어쩔 수 없이 중단되거나 처음부터 다시 시작해야 하는 경우가 발생할 수 있기 때문이다. 기대수익률은 적합한 포트폴리오를 설정할 수 있게 해준다. 손실 위험의 수준을 감안한 포트폴리오를 만들면 된다. 그 이후 그에 적합한 상품을 선택하도록 한다.

포트폴리오를 설정할 때 다음과 같은 내용을 고려한다. 투자법칙을 이야기할 때 가장 많이 쓰이는 것이 '100-나이' 법칙이다. 이 법칙은 미국의 도서관사서인 낸시펄이 100에서 자기 나이를 뺀 페이지를 펼쳐 읽어보면 그 책의 가치를 판단할 수 있다고 해서 나중에 투자의 법칙으로 활용되었다는 설이 있다. 어쨌든 100에서 자신의 나이를 뺀 수만큼을 비율로 공격적인 투자를 하면 된다는 뜻이다. 지금 나이가 30세라면 투자자산의 70퍼센트를 공격적으로, 예를 들면 주식이나 펀드와 같은 투자상품에 투자하라는 것이다. 그렇다고 해서 무조건 시장상황이나 자신의 성향에 비추어 잘 맞지도 않으면서 그렇게 한다는 것은 더 큰 문제를 야기할 수 있으므로 시장상황을 잘 살펴야 하고 자신의 성향을 잘 분석해봐야 한다. 개인의 투자성향을 구분하는 건 투자상품을 상담하게 될 경우 투자성향 질문지에 답을 하면 대부분 쉽게 알 수 있다. 일반적으로 보수안정형, 안정추구형, 위험중립형, 적극투자형, 공격투자형과 같이 5가지의 성향 중 하나로 그 결과를 알 수 있는데 이에 따라 자신에게 맞는 비율을 적용해 포트폴리오를 구성하면 된다.

포트폴리오가 구성된 이후에는 자산을 어떻게 평가관리를 할 것인가를 결정하면 된다. 먼저 기간을 설정한다. 자산평가를 반기 단위로 할 것인지, 연단위로 할 것인지, 아니면 그 이상의 기간으로 할지 결정한다. 일반적으로 연단위로 평가해서 관리하는 것이 좋긴 하지만 본인의 성향이나 시장상황에 따라 관리기간을 늘이거나 줄이는 것도 가능하다. 그 기간 말에 자산을 평가해서 포트폴리오 비중을 변경하거나 아니면 투자상품을 변경, 혹은 기대수익률을 조정할지를 결정한다. 계좌 관리는 3년 단위로 중간 점검을 하되 전체적인 투자자산관리는 다음과 같이 전체 기간을 3등분하여 관리할 수 있도록 한다.

목돈의 크기가 크면 클수록 포트폴리오를 구성하기가 수월해진다. 하지만 그 금액이 그다지 크지 않을 경우에는 포트폴리오를

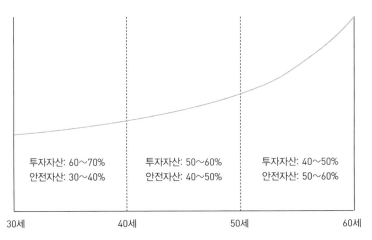

투자기간에 따른 포트플리오의 변화 및 노후준비자산의 증가

구분		연수익률	투자비중 (변경 전)	투자비중 (변경 후)
저축	은행예금	1.80%	15	0
	저축은행예금	2.30%	15	15
투자	주식	8.00%	10	20
	펀드	6.00%	30	35
보험	종신추가납	3.00%	15	10
	변액연금추가납	5.00%	15	20
포트폴리오 수익률(가중평균)			4.42%	5.35%

포트폴리오 변경 시 수익률의 변화

구성하기보다는 한곳에 목돈을 넣어 단기간의 수익에 연연하게 된다. 그런데 금액이 크거나 작다고 해서 원칙이 달라지지는 않는다. 결국 적은 금액이라도 목돈을 불리려면 반드시 분산투자해야 한다. 자산의 안전성과 수익성, 두 마리를 다 잡기 위한 분산을 하자는 것이다. 다음 예를 보면 수익을 목표로 하는 분산투자를 이해할 수 있다.

위 표에서 알 수 있듯이 안정성과 수익성을 고려하여 투자자산을 분산하고 또 자산의 포트폴리오를 변경하여 투자비중을 조정하니 0.93퍼센트포인트 수익률이 상승하는 것을 알 수 있다. 변경 전과 비교하면 무려 21퍼센트가 넘는 수익률 상승이 만들어진다. 0.93퍼센트라고 하면 '애걔, 겨우 그거야?' 할지도 모른다. 하지

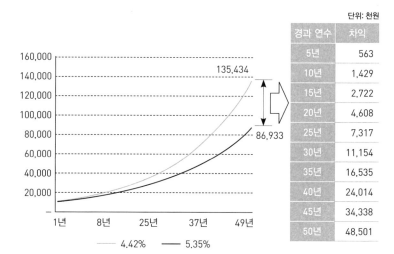

경과 연수	차익
5년	563
10년	1,429
15년	2,722
20년	4,608
25년	7,317
30년	11,154
35년	16,535
40년	24,014
45년	34,338
50년	48,501

단위: 천원

포트폴리오 변경 시 기간별 수익의 변화

만 아래 그래프처럼 같은 1,000만 원으로 연수익률 5.35퍼센트와 4.42퍼센트를 비교하면 50년이 되는 시점에 무려 4,800만 원 이상의 자산이 더 만들어질 수 있다.

이 방법은 자신의 자산과 투자에 대한 관심에서 출발한다. 그만큼 관심을 기울인다면 충분히 전문가의 도움 없이 개인적으로 실천할 수 있는 방법이다.

노후준비자금은 최소한 20~30년에 걸쳐 투자하는 장기적이고 인내심을 필요로 하는 목적자금이므로 시간과의 싸움이다. 적은 수익률이라고 해도 시간이 쌓이면 부풀려지는 크기가 눈에 띄게 달라진다. 그것이 복리의 효과이자 시간의 효과다.

기대수익과 위험은 비례한다

목돈을 불리기 위해 다양한 금융상품 중 자신에게 맞는 것을 선택하면 된다. 그런데 상품을 선택하기 전에 제일 먼저 고려해야 하는 것이 위험도다. 위험도는 상품 포트폴리오를 구성함에 있어 제일 먼저 파악해야 하는 요소일 뿐만 아니라 어렵게 만들어놓은 목돈을 잘 지키기 위한 기초라고 볼 수 있다. 위험도는 수익성과는 비례관계에 있다. 수익성이 높으면 높을수록 위험도는 커지고 낮으면 낮을수록 위험도는 작아진다. 그러므로 안정적인 돈 불리기를 하기 위해서는 너무 많은 기대수익을 원하기보다는 적절한 기대수익률을 설정하는 것이 좋다.

투자상품을 위험도로 구분한다면 다음과 같이 안전형, 저위험형, 중위험형, 고위험형으로 구분할 수 있고, 자산규모별 위험도에 따른 포트폴리오는 다음과 같이 구성하면 된다.

안전을 담보할 수 있는 투자는 기본적으로 은행이나 저축은행의 예·적금을 예로 들 수 있다. 저위험은 투자의 성격을 가지고 있지만 현금자산으로서의 유동성을 가지고 있는 상품들을 의미한다. CMA나 MMF와 같은 투자상품은 초단기의 투자이자 유동성이 강해 수시입출금통장으로 활용할 수 있다. 중위험은 채권형 및 혼합형펀드 ELS와 같은 투자상품이다. 마지막으로 고위험은 주식형

자산규모	안전	저위험	중위험	고위험
5,000만원~1억원	30	(30)	70(40)	
1억원	30	(20)	50(30)	20

자산규모별 위험도에 따른 포트폴리오

펀드나 주식, 랩어카운트, 특정금전신탁과 같은 부류의 상품이다.

다른 방법도 있다. 가장 보편적인 노후준비용 보험으로 해결하는 것이다. 연금보험이나 유니버셜보험을 예로 들 수 있는데 안정성을 위해서는 일반연금보험인 공시이율적용 상품을 선택하고 수익성을 위해서는 변액연금보험을 선택하면 된다. 일반연금보험은 최저보증이율이 있고 변액연금보험은 최소한 낸 보험료는 돌려받을 수 있으므로 안정성은 충분히 확보되어 있다고 보면 된다. 이러한 특성을 고려해서 선택하면 된다. 유니버셜보험은 추가납입이나 중도인출도 가능하고 연금전환이 가능하므로 목적자금 확보를 위한 저축보험으로 활용이 가능하다.

이렇듯 다양한 금융상품 중에서 본인의 성향이나 투자목적에 적합한 것을 선택하되 자신이 선택한 적절한 기대수익률에 가장 근접할 수 있는 상품을 선택하면 된다. 선택 이후의 결과물 즉, 수익은 '나' 아닌 '남'이 벌어다 주는 수익이고 자신은 그것을 확인만 하면 된다. 내 자산을 전문가에게 위탁관리 한다고 생각하면 된다. 단 수시로 점검하고 방향성을 설정하기도 해야 하는 것은 자신의 몫이다. 당연히 그래야만 한다. 남에게 위탁시키더라도 관리 감독의 모든 책임은 자신이기 때문이다.

단위: 천원

	5%	6%	7%	8%
5년	63,814	66,911	70,128	73,466
10년	81,445	89,542	98,358	107,946
15년	103,946	119,828	137,952	158,608
20년	132,665	160,357	193,484	233,048
25년	169,318	214,594	271,372	342,424
30년	216,097	287,175	380,613	503,133

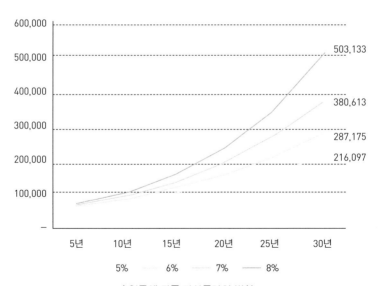

수익률에 따른 자산증가의 변화

이제 5,000만 원으로 적절한 수익과 안정성을 감안한 투자를 시작해보자. 이미 준비된 5,000만 원 덕분에 다른 목적자금들은 자연스럽게 준비해나가면 된다. 그렇다면 앞으로 30년 뒤 5,000만 원은 얼마가 될까?

그래프에서 보면 알 수 있듯이 8퍼센트의 수익률을 가질 수 있다면 30년 후에 10배 정도 늘어난 5억이 만들어지고 6퍼센트 이상의 수익률이라면 최소 5배 이상의 자산이 만들어진다.

예를 들어 6퍼센트 이상 수익률로 5,000만 원을 불린다면 3억 정도의 자산이 만들어지게 된다. 이 금액으로 연금을 지급받거나 수익형 부동산으로 월세 수입을 발생시키면, 은퇴 후 30년 동안 월 생활비의 일부분을 해결할 수 있다. 연 6퍼센트 정도의 수익률이라고 해도 매월 150만 원 정도로 30년 동안 총 5억 4,000만 원에 가까운 노후생활비를 추가 확보할 수 있다.

결론적으로 확보할 수 있는 노후생활비는 국민연금과 퇴직연금 그리고 여기서 만들어진 생활비 150만 원이다. 현재 33세 근로자인 경우 300만 원의 월급여를 받는다고 보고 65세에 은퇴시점의 국민연금, 퇴직연금 그리고 추가로 확보한 생활비의 수급액을 계산하면 다음과 같다.

구 분	은퇴 첫해 연금 월액
국민연금	150만원
퇴직연금(DC형)	126만원
추가확보한 생활비	150만원
계	482만원
은퇴 시 현재가치	187만원

* 은퇴시점 65세, 예상 사망시점 95세, 물가상승률 3%, 은퇴 후 수익률 5%
* 현직장 30세 입사, 근로기간 60세, 임금상승률 2%

은퇴 시 생활비의 현재가치

본인이 현재 월급여의 70퍼센트 정도를 은퇴생활비로 정한다면 월 약 200만 원 정도다. 이 금액을 물가상승률 3퍼센트로 계산하면 은퇴시점의 필요생활비는 월 515만 원이 된다. 그러나 확보할 수 있는 은퇴시점 노후생활비 총액은 482만 원, 현재가치로 187만 원이다. 그러므로 부족자금은 현재가치로 13만 원, 은퇴시점의 가치로 33만 원 정도가 된다.

은퇴 시 희망 생활비	200만원(현재가치)
	515만원(미래가치)

은퇴 시 생활비 부족자금	13만원(현재가치)
	33만원(미래가치)

은퇴 시 생활비 부족자금

이미 주택을 마련했거나 기타 투자자산을 확보한 상황이라면 이 부족자금은 충분히 해결가능하고 더 많은 생활비를 확보할 수 있어 여유로운 노후를 누릴 수 있다. 만약 그렇지 못하더라도 희망하는 생활비에서 크게 부족하지 않으므로 안정적인 생활을 할 수 있다고 볼 수 있다.

30년간
연금 10억 받을 수 있다

연금으로 확보하는 노후생활비

은퇴시점에 현금 10억을 가지고 있는 사람과 죽을 때까지 매월 300만 원을 받을 수 있는 사람을 비교하면 누가 더 부자일까? 당연히 10억을 가지고 있는 사람을 부자라고 할 수 있다. 그런데 만약 그 시점부터 30년을 산다고 보면 10억을 가진 사람은 매월 300만 원씩 27년 8개월을 쓸 수 있고 매월 300만 원씩 연금을 받는 사람은 30년간 총 10억 8,000만 원을 받을 수 있으니 그리 큰 차이가 없는 인생을 살아갈 수 있지 않을까? 이런 사람을 연금자산가라고 불러도 손색이 없을 듯하다. 물론 수익률이나 연금의 형태에 따라 금액이 달라질 수 있는 외부적인 요인이 존재한다. 하지만 노후의 삶을 살아가는 마지막 30년을 이 정도의 연금으로 탄탄하게 준비한다면 누가 봐도 부자라는 것은 분명하다. 우리가 접할 수 있는 다양한 연금 종류를 잘 알고 활용한다면 연금 부자의 반열에 올라설 수 있지 않을까?

국민연금 말도 많고 탈도 많은 것이 국민연금이다. 나중에 받을 수 없다는 공포심도 한동안 꾸준히 제기되고 있다. 하지만 일단 국가가 지급을 보증하는 안정성은 인정해야 한다. 한때 금융사들의 마케팅 일환으로 국민연금에 대한 불신이 많이 조성되기도 했지만, 국민연금의 장점은 분명 존재한다. 물가상승률을 감안해서 연금도 조정되어서 실질가치를 보존할 수 있게 했다. 또한 만약 연금을 지급받는 시점에 기본적인 생활보장을 위해 수급권자에게 지급된 연금액 중 150만 원 이하의 금액에 대해서는 압류를 할 수 없다(단, 급여수급전용계좌인 국민연금 안심통장으로 연금을 지급받는 경우). 국민연금 가입 중에 질병이나 상해로 장애가 남았을 경우에도 장애연금을 받을 수 있고 연금을 수급하던 중에 사망하더라도 유족에게 기본연금액의 일정비율을 지급해주는 유족연금도 가능하다. 결국 국민연금은 국가에서 국민의 최저생활을 보증한다는 점에서 반드시 가입하는 것이 좋다. 이것을 1층보장이라고 한다.

퇴직연금 다음으로는 퇴직연금이다. 예전의 퇴직금제도는 이제 역사의 뒤편으로 사라지게 되었다. 고령화, 저출산의 문제를 해결하기 위한 2차 방안으로 퇴직연금이 강제적으로 시행된다는 점에서 새로운 개념으로 이해할 수 도 있지만, 이젠 연금의 일환으로 당당히 자리잡아가고 있다. 정부의 발표로 2022년까지 모든 사업장은 퇴직연금에 의무적으로 가입해야 한다. 국민연금만으로는 노후생활이 어려워 여기에 퇴직연금을 도입시켜서 노후생활비를 좀더 안정적으로 확보시키겠다는 의도라고 볼 수 있다.

퇴직연금제도는 확정급여형(DB), 확정기여형(DC) 그리고 개인형퇴직연금(IRP)이 있다. 확정급여형(DB)은 근로자가 퇴직 시 받을 퇴직급여가 사전에 확정된 제도로서 기업은 금융회사에 적립을 해놓고 퇴직 시에 퇴직연금으로 근로자에게 지급한다. 그래서 이 제도는 예금자보호에 적용되지는 않는다.

확정기여형(DC)는 사용자 부담금이 급여의 일정 비율로 사전에 정해진 제도로서 근로자가 원하는 방식으로 운영하고 그 운영된 자금을 퇴직연금으로 받게 된다. 이 제도는 예금자보호법의 적용을 받는다.

그리고 개인형퇴직연금(IRP)은 근로자가 퇴직하거나 직장을 옮길 때 받은 퇴직금과 개인 불입금을 본인 명의의 퇴직계좌에 적립하여 연금 등 노후자금으로 활용하는 계좌를 말한다. 이것도 역시

예금자보호법의 적용을 받는다.

퇴직연금을 선택하는 것은 자신의 상황과 사용자와의 협의에 의해서 결정하게 되는데, 어떤 상품을 선택하느냐에 따라서 받을 수 있는 연금에 차이가 있다. 지금 현재 대부분의 기업에서는 확정급여형(DB)을 선택하고 있는데, 확정급여형(DB)을 선택할 경우에는 '임금피크제'로 인해서 도리어 퇴직연금이 줄어들 수도 있다. 확정급여형(DB)은 퇴직 전 3개월 평균임금과 계속근무연수를 고려해서 퇴직급여를 확정하는데, 임금피크제를 실시할 경우 평균임금이 줄어들게 되므로 연금이 줄어들게 된다. 그러므로 각자의 상황에 맞는 상품을 때에 따라서 선택하고 꾸준히 퇴직연금의 투자방식과 수익률에도 관심을 가지고 관리를 해나간다면 국민연금에 덧붙여 퇴직연금을 통해 적어도 기본적인 노후의 생활비는 확보하게 된다.

개인연금 개인연금은 그다음의 '노후 행복찾기'다. 지금까지 이 개인연금은 선택의 문제였다. 해도 그만 안 해도 그만인 '옵션'이었다. 그러다 보니 중간에 해약을 하는 경우도 많았고, 그런 경우를 그다지 큰 문제로 인식하지도 않았다. 그런데 이제는 선택이 아니라 필수의 개념으로 자리 잡아가고 있다. 연금 하나 들어놓지 않았다면 이상한 눈으로 쳐다볼 수도 있다. 아니 누구나 연금

하나 정도는 가입하기를 바라고 있다. 다만 액수와 시기의 문제만 있을 뿐이다. 길어진 노후를 살아가는 데 있어서 중요한 것은 목돈도 중요하지만 지속적으로 받을 수 있는 현금확보도 중요하다. 국민연금공단은 2015년 6월 기준 국민연금 20년 가입자의 월 평균 수령액은 80만 6,000원이라고 발표했다. 즉, 국민연금을 가입해서 꾸준히 납입을 한다면 평균적으로 80만 원 정도의 생활비는 확보가 될 것이고, 퇴직연금의 수령기간을 종신형이나 최대한 길게 선택한다면 추가적으로 생활비를 늘릴 수 있다. 그리고 퇴직 후 국민연금을 수령하기 전까지의 기간은 개인연금 등으로 준비를 한다면 소득이 끊기지 않을 수 있다. 이것이 바로 세 번째 3층보장이다.

3층보장에서 사회보장과 기업보장을 제외한 개인보장의 영역은 우리가 알고 있듯이 금융회사에서 만들어져 있고 우리는 그것을 선택해야 하는데, 대부분의 금융회사에는 노후를 대비하기 위한 다양한 상품이 있지만 과연 어떤 상품이 나에게 적합한지를 판단하기는 쉽지 않다. 그래서 노후준비상품으로는 금융권별로 어떤 상품이 있는지, 그리고 나에게 적합한 것은 과연 무엇인지 알아볼 필요가 있다.

우리가 알고 있는 금융권은 일반적으로 1금융권과 2금융권으로 나뉜다. 많은 사람이 이용하고 있는 은행이 바로 1금융권이다.

2금융권은 그 외 제도권 내에 있는 모든 금융사를 말한다. 보험사, 증권사, 신용카드사, 새마을금고, 신용협동조합, 상호저축은행 등이 그 안에 속한다.

부동산을 선호하는 사람은 임대수입으로 노후를 준비한다고는 하지만 일반적으로 노후준비상품으로서는 당연히 연금을 으뜸으로 친다. 연금은 말 그대로 은퇴 후에 매년 받을 수 있도록 하는 방식이다. 이런 연금은 우리가 알고 있는 정도보다 훨씬 다양하게 활용할 수 있도록 구조가 만들어져 있다.

개인연금하면 가장 먼저 떠올리는 것이 연금저축이다. 세액공제를 받을 수 있는 상품으로서 세제적격 연금이라고도 한다. 납입하는 동안 년 400만 원 한도로 12퍼센트 또는 15퍼센트로 세액공제를 받는 대신 연금 수령시에는 연령에 따라서 3~5퍼센트의 연금소득세를 내게 된다. 또한 연금이 아닌 일시금이나 중도 해지시에는 기타소득세 15퍼센트를 내야 하므로 처음 가입할 때 신중하게 결정해야 한다.

세제비적격 연금이라고 하는 연금보험이 우리가 흔히 연금보험이라고 하는 것이다. 공시이율형과 변액연금보험이 있다. 납입하는 동안 세금혜택은 못 받지만 10년이 지나면 보험차익에 대해서 비과세 혜택이 주어지기 때문에 비과세 저축으로 판매를 하고 있다. 연금으로 개시하든 일시금으로 지급받든 세금을 내지 않으므로 절세형 상품으로 판매된다.

　지금과 같은 저금리 시대에는 개인연금상품을 선택할 경우에 보다 신중을 기해야 한다. 누구나 연금을 많이 받기를 원하고 많이 받기 위해서는 보험료를 많이 내야 한다고만 생각을 한다. 그러나 같은 금액을 내고 같은 시점에 연금을 받기 시작했음에도 불구하고 누구는 많이 받고 누구는 적게 받게 된다. 그 차이는 바로 수익률 때문이다. 대부분의 공시이율형 연금보험의 경우 10년 이후 최저보증이 1~1.5퍼센트이다. 아무리 30년이상 긴 시간이 지나도 원금의 2배가 되기 어려운 상품구조다. 그러나 투자 상품인 변액연금의 경우 5퍼센트 수익이 난다고 가정하면 15년 후 원금의 2배 이상이 된다. 똑같이 1억을 납입하더라도 30년 후에 공시이율형 연금은 1억 5,000만 원에 미치지 못하고, 변액연금은 5퍼센트 정도 수익이 난다고 가정했을 때 4억 원에 가까운 적립금이 쌓이므로 연금액의 차이도 상당히 많이 난다. 하지만 무조건 수익률이 높다고 해서 변액상품을 선택하지는 말아야 한다. 자신의 성향과 펀드관리에 어느 정도 자신이 있을 때만 가능하다. 그만큼 손실의 위험도 있기 때문이다. 안정적인 성향의 소유자라면 손실의 위험이 없는 공시이율형 상품을 선택해야 한다.

　앞에서도 얘기했듯이 10억 자산가보다 연금으로 월 300만 원 받는 사람이 더 부자인 세상이 왔다. 이왕이면 투자형 변액연금으로 노후를 준비한다면 금리생활자보다 더 부자인 연금자산가가 될 수 있다.

주택연금 '주택연금'은 주택을 담보로 연금을 지급받는 방식이다. 역모기지론(reverse mortgage)이라고도 한다. 60세 이상의 1주택 소유자(단, 보유주택 합산 9억 원 이하의 다주택자도 가능)일 경우 신청이 가능하다. 부부공동소유일 경우는 두 사람 중 한 사람이라도 60세 이상이면 가능하다.

연금을 지급받는 방식은 일반연금과 약간의 차이가 있다. 종신연금과 확정연금으로 지급받는 것은 일반적인 연금과 방식이 같다. 그런데 일부 목돈을 지급받고 나머지는 연금으로 지급받는 종신혼합방식과 확정기간혼합방식이 추가되어 있다. 그리고 연금을 지급받는 방식은 총 4가지로 나뉜다. 매년 같은 월지급금을 지급받는 정액형 방식과 매년 3퍼센트씩 지급금이 증가하는 증가형 방식, 혹은 매년 3퍼센트씩 지급금이 감소하는 감소형 방식, 마지막으로 전후후박형이라고 해서 처음 10년간은 정액형보다 많이 받고 11년째부터는 기존 지급받던 월지급금의 70퍼센트 수준으로 받는 방식이다. 노후의 상황에 맞게 선택해서 활용하면 된다.

매달 일정한 금액을 받기를 원하면 정액형을, 물가상승률 수준의 증액을 원하면 증가형을 선택하면 된다. 만약 은퇴 후 소득크레바스 구간이 생기는 경우를 대비할 경우는 전후후박형을 선택하고 점차적으로 나이가 들면서 소비가 감소할 것으로 여겨지면 감소형을 선택하면 된다.

크레바스는 빙하가 갈라져서 생긴 좁고 깊은 틈을 말한다. 자연이 만들어낸 절벽이라고 생각하면 된다. 일반적으로 퇴직시기를 55세로 본다면 국민연금을 받게 되는 65세까지 소득이 거의 없다고 볼 수 있다. 이렇게 소득이 끊기는 이 시기를 소득크레바스 혹은 은퇴크레바스라고 한다.

주택연금은 일반 연금과는 다르게 그것만의 장점을 가지고 있다. 부부 중 한 사람이 사망하더라도 배우자에게 연금감액 없이 동일한 금액을 지급보장하고 국가가 연금지급을 보증하므로 위험성이 전혀 없다. 또한 부부가 모두 사망하더라도 주택을 처분해서 남는 금액이 있으면 상속이 되고 부족하더라고 상속인에게 별도의 청구를 하지 않는다. 만약 너무 오래 살아 100세가 넘긴다고 해도 연금은 계속 지급된다. 초과 지급된 연금은 주택금융공사에서 보증을 섰기 때문에 아무런 조건도 없이 연금을 받을 수 있다.

최근에는 주택연금도 새로운 형태로 진화 발전하고 있다. 기존에는 담보대출이 있는 경우 그 대출을 총연금지급액의 50퍼센트 한도까지 일시에 갚고 연금을 신청했어야 했는데 그 한도액이 70퍼센트까지 늘어났다. 이자로 갚아야 할 돈으로 고민하지 않고 연금으로 적은 돈이라도 받을 수 있도록 해주겠다는 것이다. 또한 40~50대인 경우 보금자리론을 통해 주택담보대출을 받을 때 주택연금을 미리 선택해서 보금자리론의 대출금리를 더 낮게 받을 수 있는 혜택도 준다.

농지연금 최근에는 귀농인구가 상당히 늘고 있는데 이런 경우는 나중에 나이가 들어 '농지연금'을 신청해서 받을 수 있다. 본인 소유의 농지를 보유하고 있고 만 65세 이상이며 영농경력이 신청일 기준으로 이전에 합산 5년이면 가능하다. 지급방식은 주택연금과 비슷하여 활용도가 높다고 볼 수 있다. 본인이 사망하면 배우자가 받을 수 있고 연금 지급 시에도 직접 경작을 하거나 임대를 줄 수도 있어 부가적인 수입을 발생시킬 수 있다. 사망 후 채무상환 시에도 주택연금과 마찬가지로 남으면 상속인에게 상속이 이루어지고 부족하더라도 별도의 청구금액이 없다. 또한 정부가 시행하고 있는 연금이므로 안정적으로 지급받을 수 있다. 연금지급방식은 종신지급(종신연금)과 기간지급(확정연금), 단 두 가지만 있다.

　노후생활비로 다양한 금융상품을 이용할 수 있지만 장기금융상품으로는 당연히 연금이 으뜸이라고 할 수 있다. 앞에서 다양한 연금상품에 대해 알아봤다. 그런데 실제로 연금상품을 선택할 때는 반드시 고려해야 하는 것이 바로 연금지급 방식이다. 회사별로 약간의 차이가 있고 상품별로 보증옵션이 조금씩 다르기 때문이다. 죽을 때까지 받을 것인지, 일정기간 동안 받을 것인지, 아니면 이자만 받다가 원금은 상속해주는 방식을 택할지를 결정한다.

　죽을 때까지 받을 수 있는 것은 '종신연금'이라고 한다. 이것은 '경험생명표'라는 것과 관련이 있다. 경험생명표는 쉽게 말해서 보험에 가입한 사람들의 수명, 즉 사망경험치를 근거로 만들어진 사망표다. 종신연금에서 이것이 중요한 이유는 이 표를 이용해 사망시점을 정하고 적립금을 연금으로 지급하게 되기 때문이다. 결론적으로 얘기하면 앞으로 평균수명이 늘어나면 늘어날수록 매월받는 연금액은 작아지게 된다. 예를 들어 장래에 평균수명이 더늘어났을 때 받을 수 있는 연금액은 현재의 평균수명과 비교해 상당히 큰 차이가 발생한다. 일반적으로 연금상품은 가입시점의 경험생명표를 적용하므로 큰 문제가 없지만 종신보험의 연금전환의경우는 간혹 연금전환시점의 경험생명표를 적용하는 상품이 있으므로 잘 살펴보고 선택하는 것이 좋다.

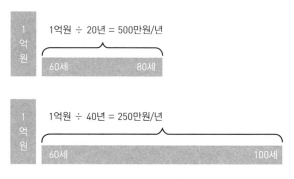

수익률이 0%라고 가정할 경우

    종신연금은 사망 이후에는 받을 수 없다. 그 때문에 보증이라는 옵션이 있다. 만약 가입하고 10년 이내에 사망하게 될 경우가 발생하면 그 이후에는 받을 수 없는 상태가 된다. 그래서 보증을 선택한다. 10년 보증을 선택했다면 10년 이내에 사망을 하더라도 유가족에게 약정한 10년은 반드시 지급해준다. 선택은 각 회사별로 차이가 있지만 일반적으로 10년, 20년, 30년, 100세 중 하나를 선택하도록 되어 있다.

    한편 일정기간 동안을 정해서 받을 수 있는 연금을 '확정연금'이라고 한다. 확정연금은 본인이 정한 기간 동안 적립금을 나누어 받는 방식이다. 이것은 적립금으로 쌓아놓은 것을 확정된 기간 동안으로 정해진 이율을 적용하여 지급해주는 방식이다.

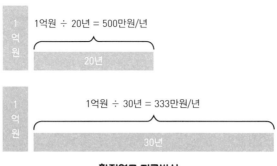

1억원 ÷ 20년 = 500만원/년

20년

1억원 ÷ 30년 = 333만원/년

30년

확정연금 지급방식

마지막으로 '상속연금'이다. 이것은 적립금에 해당하는 이자만 지급받다가 사망하게 되면 적립원금을 상속하는 방식이다.

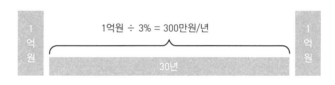

1억원 ÷ 3% = 300만원/년

30년

상속연금 지급방식

연금 지급방식을 물가상승률만큼 매년 체증하는 방식도 있다.

매년 물가상승률 정도로 연금을 체증해서 수령

체증형연금 지급방식

이것은 국민연금의 지급방식과 같은 것으로서 매년 물가상승률 정도의 연금액 체증을 통하여 물가상승을 헷지하는 수준으로 연금을 지급받게 해준다.

마지막으로 변액연금에 가입한 경우 투자연금형도 있다. 이것은 연금 지급기간 내에 펀드투자를 통해 연금액이 변화하는 구조를 가지고 있다.

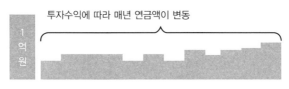

투자실적에 따라 연금이 변동되는 방식

수익률에 따른 연금액의 변동에 대한 위험관리가 가능한 다양한 연금지급보증옵션(GMWB*, GLWB**)이 있으므로 본인의 성향과 연금개시 시점의 경기상황에 맞는 적절한 선택을 하면 된다.

---

* GMWB(Guaranteed Minimum Withdrawal Benefit): 투자성과에 관계없이 연금재원의 일정수준을 지급 보증하는 옵션
** GLWB(Guaranteed Lifetime Withdrawal Benefit): 투자성과에 관계없이 종신연금지급액을 보증하는 옵션

노후자금을 불리면서 써야 하는 이유

물가상승은 시간이 흐를수록 돈의 가치를 떨어뜨린다. 30년 동안 연 3.5퍼센트의 물가상승률이라고 한다면 처음 가졌던 1억의 가치는 30년 뒤 현재가치로 따진다면 3,400만 원이 된다.

결혼하고 30년 뒤 자신들의 자산이 줄어들거라 생각하는 사람들은 없다. 무슨 일을 하든 간에 부자가 되려고 하고 멋진 노후를 보낼 것이라는 꿈을 꾼다. 하지만 생각만큼 멋진 노후가 되지 않을 수도 있다. 그 이유는 물가라는 복병 때문일 가능성이 다분하다. 만약 그 복병을 사전에 제거할 수 있다면 좋으련만 자신의 의지로 가능한 것이 아니다.

마찬가지로 노후에 은퇴시점에 사용할 돈 또한 그렇다. 5~10년이 아니라 무려 3~40년을 써야 할 돈이라면 은퇴시점에 가지고 있는 돈의 가치가 변하지 않을 수 없다. 그렇다면 그 가치를 보존할 수 있는 방법을 알아야 한다. 최소한 물가상승률 정도는 자산을 불려야 한다. 그래야 준비한 만큼은 쓸 수가 있기 때문이다.

다음은 매년 일정한 연금을 지급받는다고 할 때 물가상승률로 인해 노후에 쓸 돈의 가치가 얼마나 변하는지 알 수 있는 표이다. 매년 3,000만 원의 연금을 받는다고 가정하자. 그 3,000만 원의 가치가 어떻게 떨어지는지 알 수 있다.

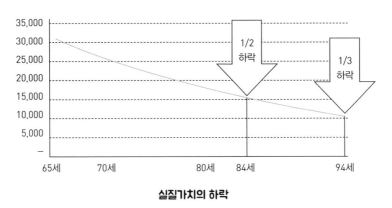

나이	65세	70세	75세	80세	85세	90세	95세
실질가치	30,000	25,105	21,008	17,580	14,712	12,311	10,302

단위: 천원

* 물가상승률 : 연 3.5%로 가정

연금의 실질가치 변화

실질가치의 하락

30년 동안 총 9억 원을 연금으로 지급받지만 물가상승률을 적용하면 실제 총 5억 6,000만 원 정도의 돈의 가치를 받게 되어 있다. 가지고 있는 돈의 크기에 비해 3분의 2 수준 정도의 가치를 사용하게 된다. 20년 지나면 그 가치가 반 토막이 나고 30년이 되어서는 3분의 1로 쪼그라든다.

그렇다면 이런 가치하락을 막을 수 있는 방법을 모색하면서 자산을 관리해야 한다. 은퇴를 시작할 때의 노후자산의 가치를 지킬 수 있는 방법은 최소한 연 3.5퍼센트 이상의 수익률을 올릴 수 있도록 자산을 관리해야 한다는 것이다. 만약 연 3.5퍼센트의 수익률을 가진 상품에 투자한다면 당연히 9억 원의 가치를 그대로 쓸 수 있다.

가장 크고 가장 긴 시간이 남은 노후자금

노후준비라는 목적을 가지고 시작하는 재테크의 기본은 인내심이다. 너무 큰 것을 탐해서도 안되고 유혹도 이겨내야 한다. 앞으로 몇 십 년이나 남은 노후 때문에 젊음을 즐기지 못한다는 생각은 하지 않아도 된다. 젊음을 더 잘 즐길 수 있도록 계획을 짜는 것이라고 생각하면 되고 앞으로 살아가야 하는 삶의 토대를 더 굳건하게 만든다고 생각하면 된다. 돈이란 참 재미있는 물건이다. 쥐고 있으면 그 가치를 모르기도 하고, 없으면 그 가치를 너무 과하게 생각한다는 점이다. 손에 쥐긴 힘들어도 빈손이 되긴 쉬운 것이 돈이다. 없으면 커 보이고 있으면 작아 보이는 것이 돈이다. 알콩달콩 재미있게 사는 신혼부부에게 무슨 노후라는 눈에 보이지도 않는 저 멀리 있는 걱정거리를 안기려고 하느냐는 농담 아닌 농담도 듣는다. 하지만 지금의 신혼부부들은 준비 안 된 삶이 얼마나 힘들지 다 안다. 단지 어떻게 해야 하는지를 모를 뿐이다.

인생의 3분의 1은 그다음 3분의 1을 위해 살아가고, 그다음 3분의 1은 마지막 3분의 1을 위해 살아가는 것이다. 이미 3분의 1을 살아왔기에 지금부터는 마지막 3분의 1을 위한 삶이 되어야 한다. 그 시작이 지금부터라고 생각하고 편안한 마음으로 받아들이면 된다. 지금까지의 삶이 순조로웠다고 앞으로의 삶이 순조로울 거라는 생각은 하지 말자. 그렇다고 절박한 삶을 살아가자는 의미는 절대 아니다. 하지만 마지막 3분의 1은 지금 당신이 걸어가는 이 순간의 선택에 의해 좌우될 수 있다는 믿음은 갖고 있어야 한다.

그렇다면 마지막 3분의 1을 위한 준비를 하고 있는 지금 이 순간은 어떤 방식으로 계획하고 준비해나가야 할까? 그 기준을 알려주는 것이 바로 재무설계다. 반드시 일어나는 확정적인 사건에 대해 대비할 수 있도록 준비해나가도록 계획을 잡는 일이다. 일반적으로 재무설계를 할 때 필요자금을 파악하게 되는데, 그것은 인생전반에 걸쳐 반드시 일어나는 것 중에서 큰 목돈을 필요로 하는 것을 말한다.

"아이는 대학을 보내실 거죠? 그렇다면 현재의 화폐가치로 생각하면 연간 1,000만 원정도의 등록금이 필요할 겁니다."

"그리고 그 아이가 졸업을 하고 사회생활을 하게 되면 독립을 할 시기가 있겠죠. 결혼도 하게 될 겁니다. 그 때는 얼마 정도 지원해주고 싶으세요? 일반적으로 전세자금 정도는 지원해 주겠다고 합니다.”

“점차 아이들이 커가면서 집도 넓히셔야 할 텐데, 지금 가지고 있는 자산을 빼고 얼마나 비용이 더 필요할까요?”

“마지막으로 은퇴후의 생활비는 어떻게 준비하실 계획이세요? 물론 연금도 받으실테고 그 외에 다른 방법도 있을 겁니다. 그렇다면 생활비는 얼마나 필요하다고 생각하세요?”

이런 질문에 직접 답을 한다고 생각하고 은퇴 전까지 생활비를 제외한 필요자금의 규모를 나이대별로 적어보면 다음과 같다. 먼저 물가상승률을 감안하지 않은 현재가치로 단순하게 계산한다.

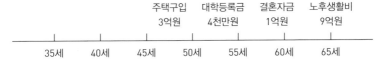

| | | 주택구입 | 대학등록금 | 결혼자금 | 노후생활비 |
| | | 3억원 | 4천만원 | 1억원 | 9억원 |

| 35세 | 40세 | 45세 | 50세 | 55세 | 60세 | 65세 |

* 현재 화폐가치로 예상 대략등록금: 1,000만원/년, 노후생활비 : 250만원/월

연령대별 필요자금 규모

다른 해결 가능한 자금들보다 금액이 가장 큰 금액이 지금 당장 준비를 시작해야 할 자금이다. 바로 노후자금이다. 매월 생활비를 줄인다고 해도 적지 않은 금액이다. 때문에 이 문제를 지금부터 적극적으로 해결해놓을 수만 있다면 앞으로 확정적으로 발생할 기타 필요자금들을 해결하기가 훨씬 수월하다. 만약 나머지를

준비하느라 많은 시간을 보내버리면 나중에 노후자금이라는 가장 큰 덩어리를 해결하기 쉽지 않다는 점이 노후준비프로그램의 가장 큰 핵심이다.

　노후생활비를 확인했으면 그다음은 물가상승률을 감안한 비용을 산출해본다. 3퍼센트 정도의 물가상승률이라고 한다면 현재의 250만 원은 35년 뒤에 700만 원이 넘는다. 물가상승률에 따라 생활비 규모별로 35년 뒤의 생활비를 산출해보면 다음과 같다.

단위: 천원

월생활비 물가상승률	1,000	1,500	2,000	2,500	3,000	3,500	4,000
1%	1,417	2,125	2,833	3,542	4,250	4,958	5,666
2%	2,000	3,000	4,000	5,000	6,000	7,000	8,000
3%	2,814	4,221	5,628	7,035	8,442	9,849	11,255
4%	3,946	5,919	7,892	9,865	11,838	13,811	15,784
5%	5,516	8,274	11,032	13,790	15,548	19,306	22,064

물가상승을 반영한 35년 뒤의 생활비 규모

　물가상승률이 2퍼센트라고 해도 그 시점의 생활비는 500만 원이나 된다. 그런데 노후자금이 필요한 그 시점에서부터도 물가상승은 지속된다. 그러므로 은퇴 이후의 물가상승을 감안해서 은퇴시점의 노후필요자금 총액을 구해본다. 은퇴시점에 월생활비가 500만 원이라고 한다면 필요자금총액은 다음과 같다.

물가상승률	1.0%	2.0%	3.0%	4.0%	5.0%
필요자금	1,493,074	2,482,629	4,136,604	6,905,064	11,544,048

*35년 뒤 노후필요자금을 물가상승을 감안하여 은퇴시점의 필요자금총액으로 산출

은퇴 시 노후필요자금 총액(물가 반영)

    은퇴시점의 준비해야 할 총액으로 환산을 하게 되니 적지 않은 금액이 필요하다. 하지만 한가지 고려할 사항이 또 있다. 은퇴시점에 노후자산을 이렇게 준비했다고 한다면 그 돈을 그냥 집에 보관하고 있지는 않을 것이다. 당연히 일정한 수익을 올릴 수 있는 상품이나 투자처에 투자를 하면서 노후자금을 써 나가야 한다. 그렇다면 그 일정한 수익률을 감안한 필요자금 총액을 산출해보자. 만약 5퍼센트 정도의 수익률을 가지고 있다고 한다면 그 산출액은 다음과 같다(이때 사용하는 수익률을 물가상승률조정수익률이라고 한다).

물가상승률	1.0%	2.0%	3.0%	4.0%	5.0%
필요자금	767,669	1,219,805	1,942,855	3,101,963	4,964,414

*35년 뒤 노후필요자금을 물가상승률조정수익률로 계산한 총액, 투자수익률 연 5%

은퇴 시 노후필요자금 총액(물가와 수익 반영)

    그렇게 물가상승률과 수익률을 감안한 노후준비 필요자금이 계

산되었다면 그 자금을 어떻게 모아야 할지를 계획한다. 노후자금으로 활용할 수 있는 것들을 먼저 그려본다.

가장 기본적인 공적연금(국민연금, 공무원연금, 군인연금, 사학연금 등)이 있고 근로자라면 다 가입해야 하는 퇴직연금, 그리고 개인적으로 가입할 수 있는 개인연금이 있다. 그 외 부동산임대로 발생시킬 수 있는 임대료나 주택을 담보로 받을 수 있는 주택연금, 그리고 노후준비용 기타투자자산을 생각해볼 수 있다.

그 중에서 국민연금과 퇴직연금은 본인의 의지보다는 강제적인 성격을 가지고 있고 기본적인 생활비수준을 확보한다고 여기면 된다. 그리고 부동산임대나 주택연금의 경우는 보완적인 성격의 자산이라고 할 수 있으므로 남는 것은 개인연금용으로 확보할 수 있는 자산이다. 이 자산이 바로 개인적인 목표설정으로 준비가 가능한 노후준비자산이라고 보면 된다. 이 자산을 확보하자는 것이다.

이 자산을 신혼 3년동안 확보해놓으면 노후 생활비를 평균이상으로는 확보할 수 있다. 노후에 풍족하게 마음껏 쓰지는 못할 수는 있어도 최소한 다른 연금자산과 더불어 자신의 노후를 안정적으로 보낼 수는 있다. 이렇게 노후준비자금을 시작해놓을 수만 있으면 그다음부터는 다른 중요한 재무목표에 집중할 수 있다. 아이들 교육자금이나 주택구입자금, 아이들 결혼자금 등의 목표달성을 위해 저축에 집중할 수 있으니 더 효과적이다.

물론 이렇게 반문할 수도 있다. "지금부터 30년동안 조금씩 모으면 되지 않나요?" 맞는 얘기다. 그렇게 해도 된다. 그런데 솔직히 살아보니 그렇지가 않다. 가지고 있던 연금도 어쩔 수 없이 깨버리는 불상사가 쉽게 벌어지더란 것이다. "그렇다면 미리 준비한 노후자금도 쉽게 깨지지 않을까요?" 그렇다. 그것도 마찬가지였다. 하지만 차이가 있었다. 이미 만들어진 큰돈은 쉽게 깨지지 않더라는 것이다. 이것이 바로 목돈의 힘이다. 누차 얘기하지만 목돈에 시간과 수익률을 덧붙이면 내가 아닌 남이 벌어다 주는 돈이 돈을 버는 시스템을 만들 수 있다.

준비하고 대비하면 행복한 인생은 현실이 된다!

만에 하나 일어날 일에 미리 대응하는 것을 '대비(對備)'라고 하고, 당연히 일어날 일에 미리 대응하는 것을 '준비(準備)'라고 한다. 인생은 가야 할 방향과 그 방식이 기본적으로 정해져 있다. 당연히 일어나는 일들의 연속이다. 의도적으로 부정하거나 하지 못할 경우를 제외하고는 당연히 그 길을 가야 한다. 이런 것은 대비가 아니라 준비를 해야 한다. 결혼을 하고 아이를 낳고 그 아이를 교육시키고 결혼까지 시키는 과정에서 자신의 노후를 준비해야 하고 집도 사야 하고 자동차도 사야 한다. 여행도 다니고 삶의 기쁨도 누려봐야 한다. 이 모든 것이 인생에서 이미 정해진 틀이기도 하다. 반면에 조기사망이나 질병, 상해라든가 실직과 같은 것은 대비를 해야 하는 것들이다.

준비와 대비 모두 인생을 살아가면서 반드시 갖춰야 하는 것들이다. 만약 준비만 하고 대비를 하지 않으면 뜻하지 않게 발생한 일 때문에 이미 준비를 해놓았던 모든 것을 잃을 수도 있고, 대비만 하고 준비를 하지 않아도 마찬가지의 결과를 가져올 수 있다. 은퇴를 앞둔 대부분의 사람들이 이렇게 준비되지 않은 상태에서 노후를 맞게 될지 몰랐다고 얘기한다.

"아이들을 키우느라 모든 것을 다 바쳤는데 정작 내가 나를 위한 준비해놓은 것이 없어요."

"무엇 하나 세심하게 살필 틈도 없이 세월이 지나왔어요."

"앞으로 무엇을 어떻게 해야 할지를 모르겠어요.".

안타깝지만 이것이 현실이다. 그런 삶이 내 자녀나 인생의 후배들에게 다시 반복되지 않기를 바란다. 누군가 나에게 조금이라도 일찍 인생을 준비하는 순서를 알려줬거나 어떤 일이 생겼을 때를 대비해서 어떻게 준비해야 한다고 말해줬더라면 지금 나의 인생은 크게 달라져 있지 않았을까? 조금은 더 많이 살아본 인생 선배가 '어떻게 살 것인가?' 하는 도덕적인 문제를 거론하자는 것이 아니다. 그건 인생을 살아가는 당사자의 몫이다. 단지 지금까지 살아보니 인생에서 반드시 알고 있어야 할 것들이 있고 또 그것들은 어떻게 준비해야 하는지에 대한 이야기를 하고 싶을 뿐이다. 결혼을 하고 살림을 꾸려나갈 두 사람이 꼭 알아야 하는 내용과 과정을 이해한다면 훨씬 더 풍요롭고 행복한 인생이 되지 않을까?

많은 사람이 결혼과 동시에 미래에 대한 설계를 해본다. 단지 말로 끝나는 경우도 있고 명확하고 구체적인 계획을 세워서 실천하는 경우도 있다. 물론 계획한 대로 이루어지기도 하고 그렇지 않기도 하다. 모든 사람은 자신의 꿈을 이루고 싶어 한다. 하지만 대부분의 사람은 그 꿈을 이룰 수 있는 계획을 세우지 않는다. 그것이 가장 큰 차이다. 이 책을 읽고 준비하고 대비하는 과정을 익히고 더 나아가 노후라는 큰 문제를 대응할 수 있는 방안을 갖게된다면 지금보다 더 나은 삶의 방향성이 설정되리라 확신한다.

과정이야 어떻든 어렵고 힘들게 살아가는 인생이라 해도 모두가 행복했으면 좋겠다. 어둡고 앞이 보이지 않는 터널을 지날 때도 반드시 밝은 빛이 보인다는 확신을 가질 수 있으면 좋겠다. 특히 인생의 마무리를 즐겁고 행복하게 보내는 삶을 살면 좋겠다. 열심히 살아가는 우리 인생이라면 그래야 하지 않을까?

마지막으로 이 책이 세상 밖으로 빛을 볼 수 있게 무려 6개월 동안 기다려주고 필자의 부담이 덜하도록 애쓰고 격려해준 더난 출판사의 민기범 팀장에게 감사의 말을 전하고 싶다. 시각적인 차이도 조심스럽게 에둘러 표현하면서 저자의 마음까지 읽어준 그 배려에 또 한 번 감사드린다. 그리고 묵묵히 지켜보면서 응원을 해주신 윤기석 전무님, 고경호 님, 조선민 님, 마승룡 님, 박재형 님, 임종선 님, 김석훈 님, 탁성욱 님, 문윤성 님, 이인안 님, 김현정 님, 유양숙 님, 박신덕 님, 영자모 여러분, 남현주 님을 비롯해 홀셀러 분들, 이외에 도움을 주신 많은 분께 진심으로 감사드린다.

부부가 함께 짜보는 재무계획

　인생 전체의 그림을 수입과 지출을 중심으로 그려보자. 일어날 수 있는 모든 일들을 적어보고 그 일들이 수입과 관련이 있는지 지출과 관련이 있는지 그래프로 그려보자.

　지금까지 우리는 신혼 때 준비해야 할 노후자금에 대해서 살펴보았다. 또한 이 자금을 노후자금으로 활용하기 위해서라도 다른 필요자금(교육자금, 주택자금 등)을 동시에 준비해야 한다는 점을 살펴봤다. 그렇다면 당장 우리 부부에게 적용하려면 어떻게 해야 할까? 나름대로 서로 의논해서 실천하겠지만, 다음 예시에 따라 표와 그래프로 그려보는 것도 도움이 될 것이다. 사실 신혼 시절만큼 부부가 대화를 많이 나누는 때도 없다. 그러므로 이번 기회에 앞으로의 인생에 대해서 깊은 대화를 나눠보고 목표와 실천계획을 세워보자.

　우선 재무목표를 세워보고 그에 따른 세부계획을 적어보자. 그리고 어떻게 그 계획을 달성할 것인지에 대한 실천방안을 기입해보자. 대략의 목표자금이 예상되므로 그에 맞게 얼마씩 얼마 동안 투자할 것인지 산정해보자. 그 목표자금이 사용되어야 하는 시점을 기입하면 좀 더 구체적인 투자기간과 실천시기에 대한 정확한 수치를 얻게 된다.

삶의 목표	세부 계획	실천방안	투자비용	실천시점	투자기간
노후자금 마련	3년 내에 5천만원 만들기	펀드에 투자하기	50만원/월	즉시	3년
		적금에 불입하기	50만원/월	즉시	3년
	노후준비용 연금상품 가입	연금저축 가입하기	30만원/월	즉시	10년
		변액보험 가입하기	30만원/월	3년 뒤	10년
	공적연금 가입	국민연금			
		퇴직연금			
	5천만원 불리기(노후준비용)	펀드에 투자하기	2,000만원	3년 뒤	32년
		주식에 투자하기	500만원	3년 뒤	32년
		변액보험 추가납입하기	1,000만원	3년 뒤	32년
		유니버셜종신보험에 추가납입하기	1,500만원	3년 뒤	32년
자녀교육자금 마련	고등학교 사교육비 마련	예적금에 불입하기	미정	출산 후	15년
		펀드에 투자하기	미정	출산 후	15년
	대학교등록금과 교육자금 마련	펀드에 투자하기	미정	출산 후	18년
		유니버셜종신보험에 추가납입	미정	출산 후	18년
주택자금 마련	청약조건 확보	주택청약종합저축 가입	5만원/월	즉시	
	대출상환자금 마련 및 종잣돈	예적금에 불입하기	40만원/월	즉시	8년
	주택 마련을 위한 종자돈	펀드에 투자하기	50만원/월	3년 뒤	5년
자녀결혼자금 마련	자녀결혼자금	변액보험 가입하기	10만원/월	3년 뒤	25년
		변액보험에 추가납입하기	여유자금		
해외여행	결혼10주년 기념	적금 또는 유니버셜보험 가입하기	10만원/월	3년 뒤	7년
	결혼20주년 기념	적금 또는 유니버셜 추가납입하기	10만원/월	10년 뒤	10년
	결혼30주년 기념	적금 또는 유니버셜 추가납입하기	10만원/월	20년 뒤	10년
자동차 구입	7년 뒤 신차 구입	펀드에 투자하기	20만원/월	3년 뒤	4년
투자부동산 구입	25년 뒤 연금 확보용으로 구입	펀드에 투자하기	60만원/월	8년 뒤	17년
보장자산 확보	가장 사망 시 최소 3억의 사망보험금	유니버셜종신보험 가입하기	8만원/월	즉시	20년
		정기보험 가입하기	3만원/월	즉시	60세까지
	질병, 상해 시 보장	실손보험 가입하기	5만원/월	즉시	100세까지
		질병상해통합보험 가입하기	26만원/월	즉시	20년

목표자금 달성을 위한 인생계획표(예시)

신혼 3년의 힘

목표자금	사용시점	효과	비 고
3,000만원	65세	수익 추구	3년 불입 후 목돈 마련 → 5천만원 불리기로
2,000만원	65세	안정 추구	3년 불입 후 목돈 마련 → 5천만원 불리기로
7,000만원	65세	세액공제용	10년 불입 후 거치
1억 5천만원	65세	비과세	10년 불입 후 거치
	65세	기초생활비 확보, 소득공제	60세까지 불입
	65세	기본생활비 확보, 세액공제	60세까지 불입
3억원	65세	수익 추구	매 3년마다 투자비중 조절
	65세	수익 추구	매 3년마다 투자비중 조절
	65세	투자비율이 높아지고 비과세 효과	변액보험에 추가납입하고 거치, 필요시 중도인출
	65세	자산 안전성을 위해 예치	중도인출 활용 가능, 예금에 가입해도 무방
2,000만원	47세	안정 추구	매 3년마다 비중 조정
	47세	수익 추구	매 3년마다 펀드 조정
5,000만원	50세	수익 추구	
	50세	금리효과, 자유납입	
	38세	청약조건 확보, 금리효과	여유있을 때 좀 더 불입, 분양의 이점 비교 후 선택
4,000만원	38세	안정 추구	2년마다 상환 및 주택 구입 시 종잣돈 활용
5,000만원	38세	수익 추구	주택 구입 시 종잣돈 활용
4,000,만원	58세	비과세, 수익 추구	자녀용 계좌로서만 활용
	58세	투자비율이 높아지고 비과세효과	자녀계좌에 추가납입하고 거치, 필요시 중도인출
900만원	40세	안정추구, 유니버셜(비과세)	여행계좌로만 활용
1500만원	50세	안정추구, 유니버셜(비과세)	적금(시기조절)절, 유니버셜(중도인출, 추가납입활용)
1500만원	60세	안정추구, 유니버셜(비과세)	
1,700만원	37세	수익 추구	늘어난 소득으로 투자하기
	55세	수익 추구	3년마다 펀드 조정 및 목돈 재투자, 경매 등 시도

삶의 목표	세부 계획	실천방안	투자비용	실천시점	투자기간

목표자금 달성을 위한 인생계획표

신혼 3년의 힘

목표자금	사용시점	효과	비 고

표를 다 채웠으면 이제 그래프를 그려보자. 우선 지출그래프를 그려보고 그다음 소득곡선을 그린다. 매년 발생하는 수입도 그려 넣는다. 이것이 바로 우리 부부의 라이프사이클에 따른 생애재무 설계 그래프다.

재무적인 이벤트들에 대해 각각 어떻게 준비하고, 또 언제 할 것인지를 세부적으로 한눈에 보이게 그려보는 것이 쉬운 일은 아니다. 그러나 부부가 대화를 나누며 이 그래프를 만들어보면 두 사람이 서로를 어떻게 바라보고 이해해야 하는지도 알 수 있다.

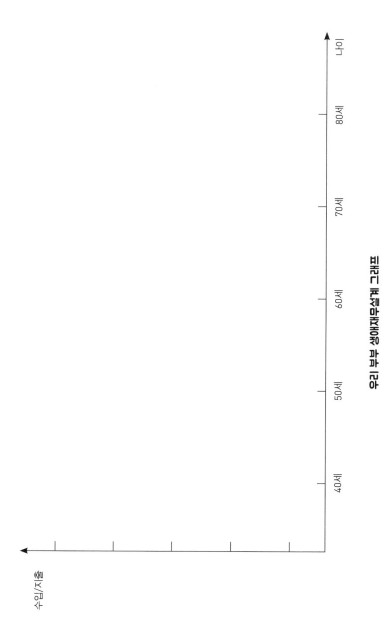

이상적 생애주기별 그래프

나이

80세

70세

60세

50세

40세

수입/지출

5천만 원으로 10억 만드는

신혼 3년의 힘

초판 1쇄 인쇄 2016년 4월 20일
초판 1쇄 발행 2016년 5월 1일

지은이 최윤호 · 김수미 | **펴낸이** 신경렬 | **펴낸곳** (주)더난콘텐츠그룹
본부장 이홍 | **기획편집부** 남은영 · 민기범 · 허승 · 최보윤 · 이성빈 · 이서하
디자인 박현정 | **마케팅** 홍영기 · 서영호 · 박휘민 | **디지털콘텐츠** 민기범
관리 김태희 | **제작** 유수경 | **물류** 박진철 · 윤기남
책임편집 민기범

출판등록 2011년 6월 2일 제2011-000158호
주소 04043 서울특별시 마포구 양화로 10길 19, 상록빌딩 402호
전화 (02)325-2525 | **팩스** (02)325-9007
이메일 book@thenanbiz.com | **홈페이지** http://www.thenanbiz.com

ISBN 978-89-8405-853-8 03320